JN065202

国際公務員とキャリア戦略

― 元国連人事官が明かす魅力と成功へのカギ ―

グローバルキャリアのすすめ

国際公務員とキャリア戦略
― 元国連人事官が明かす魅力と成功へのカギ ―

グローバルキャリアのすすめ

茶木久実子・玉内みちる共著

【目次】

パートⅠ　国際公務員の基礎知識

パートⅡ　国際機関へのキャリア戦略

国際機関・国際協力人材育成シリーズ第6作の出版にあたって

　上智大学国際協力人材育成センターは、本学が教育精神とする「他者のために、他者とともに (For Others, With Others)」の志を抱いて国際協力の分野で活躍し得る次世代の人材育成を目的として、2015年7月に設立された。以来、学生に留まらず、この意思を持った社会人や高校生などを含め広く社会に開かれた機関として、人材育成、キャリア形成を支援するとともに、国連機関などの国際機関と連携した教育・研究活動を行っている。その代表的活動が2017年から実施している「国際公務員養成コース」である。著者である茶木久実子氏（元国連人事官）と玉内みちる氏（元ユニセフ人事官）は、国連での専門スタッフ経験が豊富で、本学のコースでは講師を務め、これまでに200人以上の受講者を指導してきた。修了者の中からは、JPOやYPPの選抜試験の合格者、空席公募での採用者など国際機関でキャリアを得た人たちも出ている。本書では国際公務員に関する基礎知識全般をわかりやすく説明し、採用に至るステップとその対策についての具体的なアドバイスを、著者の実体験に基づいて解説している。著者は、それぞれに国際公務員を決意するに至った経緯を、学生時代のエピソードも交えて紹介している。読者のみなさんはすでに国際公務員を目指して勉強したり、現在のキャリアを磨いている方もおられるであろうし、まだ具体的なビジョンは持っていない方もおられるであろう。著者の体験談が、みなさんのキャリアに対する動機付けにも大いに参考になることを期待する。

2023年初頭の現在、世界はいまだ新型コロナウイルスの脅威から脱しておらず、依然としてコロナ禍が社会にもたらした大きな爪痕からの回復という大きな課題に取り組んでいかなければならない。また、2022年以来のウクライナ侵攻をはじめとする国際的緊張のもとで困難を極めている人たちも増加の一途をたどっている。国際公益を実現するためには、さまざまな国際機関において多くの人材が求められているし、そのチャンスもたくさん用意されている。本書がそうした人たちのチャレンジに役立つことを願ってやまない。

　2023年3月

上智大学長　曄　道　佳　明

パートⅠ

国際公務員の基礎知識

はじめに

　私が国連に入った1988年当時、ニューヨークにいる日本人の国連専門職員の数は100人ぐらいだと言われていた。2015年に私が定年退職した頃の日本人職員数は、JPOと一般職を含めて180人ぐらいだったと聞いた。1988年当時の100人には誰が含まれたのかは、今や不明なので、実際に80人増加したかどうかはわからないが、JPOの数は確実に増えていることと、それでも日本人の国連職員数は日本の拠出金に見合う数には達していないことは確かである。[1]

　私は人事部にいたので、どうにか日本人数を増やせないものか、と常に考えていた。邦人職員を増やす上での最大の問題は、正規の採用原則の1つである地理的配分への考慮が、正規ポストの採用には適用されるものの、すべての採用に関して地理的配分の原則が必ずしも厳格に適用されていないことにあった。

　それは特に、臨時空席の場合に顕著であった。正規採用プロセスとは別に、ポストに就いている職員が他のポストに臨時に異動をした際、ポストがその期間空席になることがある。また職員の出産休暇や長期療養休暇、あるいは、その他の特別休暇等によって、ポストを臨時に埋めなければならないことも多くある。このような臨時空席は国連内部では公募されたものの、採用プロセスは簡便で、プロセスの公平性や採用ポリシーへの合致に関する第三者の審査はないに等しかった。採用者は11か月に限られた任用契約しかもらえないが、最低2週間離職すれば、再び11か月間雇用されることが可能であった。採用マネージャーは何かにつけて空席は臨時で、時間と手間のかからない後者のプロセスで、自分の好む候補者を採用

---

[1]　たとえば、国連事務局では日本の分担率はほぼ8％で、望ましい職員数の幅は153から207であるが、地理的ポストに就いている職員は73人しかいない。

しようとした。こうして入ってきた候補者の多くは優秀であり、11か月の任用を何回か繰り返すうちに公募された通常の空席に応募して正規雇用になるのが常だった。これを私たちは「裏口入学」と言っていた。こういう採用は、望ましい水準の幅を超えた加盟国や、望ましい水準の幅の中位を超えた加盟国出身の人にも開かれていたため、日本のような望ましい水準の幅に達していない国の候補者は、相対的に雇用されるチャンスが少なかった。この裏口入学を止めなければ、国連に職員を輩出していない加盟国や、日本人を含む望ましい水準の幅に達していない加盟国の職員数は増えない、という理解のもとで、私は何回も「無駄な」抵抗を試み、臨時採用が望ましい水準の幅を超えた加盟国の国民である場合、不許可のメモを書いたが、上司たちに覆された。

　また、人事部は日本政府と共に日本人の上級職員を増やそうとして、人事部長自ら率いる採用ミッションを日本に送った。優秀な日本人候補者を空席あるいは将来空席になるポストごとに面接し、採用され得る候補者リスト（ショートリスト）を作り、現局のマネージャーに回覧したが、実際には採用に結び付かないことがほとんどであった。

　上記のどちらのケースも日本人が採用されない大きな理由は、英語力とプレゼンテーション能力が他の候補者に比べて見劣りするからだったと思う。後に見るように、国連で就職するには他の能力がいかに素晴らしくても、語学力とプレゼンテーションの力がない限り採用されることはない。このような経験から私は、日本人を増やすには、大学生、あるいはもっと早くから国連の欲するような能力と語学力を持つ人材を育て、国連機関に売り込んでいく以外に方法がないと思うようになった。

　さらに、昨今のJPO職員数の増加を見ていると、そのような人材

はもうすでに存在しており、私たちが応募のコツやプレゼンテーションの仕方を少し伝授すれば、国際機関の中でも成功するということにも気が付いた。

このような思いから、私は国連を退職したら日本人職員を増やす努力をしたいと思っていた。そのような折、上智大学から国際公務員を養成する講座を開講するので講師として協力してくれないか、というお誘いがあり、毎年春と秋に開講される「国際公務員養成コース」と、夏に開講される「実務型国連集中研修」を受け持つこととなった。

本書のパートⅠは私が上智大学の国際公務員養成コースで教えた講義の内容をまとめ、加筆したものである。このコースでは「国際公務員の基礎知識」と称して国際公務員の地位と性格、権利義務、特権免除、採用、および待遇の概要等を説明するが、本書ではそれに加えて、授業で折に触れて話した国連で成功するための準備と私自身のキャリアについて書き加えた。

国際機関は複数の国家が締結した国際条約によって設立された政府間機関（Inter-Governmental Organizations）を指す。これは、国際機構、国際組織とも訳されるが、本書パートⅠでは「国際機関」「国際機構」は同等で同義に使い、「機関」と「機構」も同様である。

国際公務員制度の概要を後述するが、主に国際公務員の代表格であり、他の機関の人事制度のモデルともなっている国連と国連職員を中心に見ていく。国連以外の国際機関の職員も国際公務員であり、世界銀行などの金融関係機関を除けば、給与・待遇などはほとんど同じである。ただし、それぞれの国際機関は独立した機関なので、細かい規則やポリシーは異なっている場合がある。

本書は私の恩師である横田洋三先生に捧げたい。第1章で述べるように、横田先生なくしては私が国連でキャリアを積むことも、無

論本書を書くこともなかった。そんな先生は2019年に永眠された。先生には感謝してもしきれないが、その感謝の念をきちんと生前にお伝えできなかったことが悔やまれる。

第1章　　私のキャリア

　国際公務員制度の概要を述べる前に、私の国連でのキャリアについて書いておこう。

I　「国際」との出会い

東京オリンピック

　私が「国際」に目覚めたのは1964年の東京オリンピックであった。当時私は9歳、小学校3年生、東京三鷹の学校に通っていた。小学校の先生に、聖火が甲州街道を通るから応援に行くことを促され、聖火を見に行った。マラソンも甲州街道を走るルートだったので、アベベの走る勇姿を見た。また、父が某放送局に勤めており、その隣に選手村があった。父は選手村に入る許可証を持っていたのだと思うが、私と妹にサイン帳を買ってくれて、私たちは選手村の中に入った。そこで、優しそうな選手にサインをねだった。それまでにはこんなに近くで、しかもたくさんの外国人を見たことはなかったので何か素敵だった。そのときから私は東京オリンピックの中継に釘付けになった。東京オリンピックが終わってからも『朝日グラフ』の東京オリンピックの特集（特別号）を表紙が擦り切れるまで見た。今でも、たくさんの選手の名前や顔、キャッチフレーズを覚えている。男子陸上100メーターの「弾丸」ヘイズ、水泳の「水の妖精」ショランダー、日本女子バレーボールチーム「東洋の魔女」、「体操の名花」ベラ・チャスラフスカなど。

　東京オリンピックの記憶の中でもとりわけ素敵に思えたのは閉会式であった。開会式の整然とした行進とは打って変わって、選手

たちは国籍ごとではなく、みんな一緒に、楽しそうに、嬉しそうに、国立競技場に入ってきた。その光景、さまざまな国の人がみんな一緒にパレードするその光景に魅せられた。これが私の最初の「国際」との出会いだった。

　それからというもの、「国際」が付くものに興味を覚えた。妹によると、私は世界中の国、国旗、首都を覚えて、電車の中で妹にクイズを出して覚えたての知識をひけらかしていたらしい。「国際的」なものの中で最も魅力的だったのが国際連合。確か私が小学校高学年か中学に入った頃に、国連に関する番組を見て、かっこよくて、ここで働きたいと思ったのを覚えている。

横田洋三先生

　中学、高校は学生時代を謳歌し、国連に入りたい願望はすっかり忘れていた。大学への進学を考え始める頃、その漠然とした願望を思い出した。そして、当時緒方貞子先生（後の国連難民高等弁務官）が教えておられたICU（国際基督教大学）に入りたいと思った。紆余曲折を経てICUに入学したが、緒方先生は上智大学に移られた後であった。そこで、浅はかな私は「国際」が付くものであればなんでも同じようなものだと思っていたので、横田洋三先生が教えられている「国際法」を取ることにした。これが私のその後の人生を決めることとなる。

　横田先生は世界銀行で働かれた経験をお持ちで、先生の授業は飛び切り面白いものであった。また横田ゼミの先輩には国連や他の国際機関で働いている人が大勢いて、土曜日のクラスや夏の合宿でそういう方たちの話を直接聞くことができた。

　中学、高校時代の私は、勉強はあまり好きではなかった。特に記憶に欠陥があるのか、数学の公式や歴史の年号を覚えることが苦手

で、第一興味がなかった。「国際的」な大学であるICUが大学受験の第一志望であったが受験に失敗し、第二志望であった東京女子大（東女）に入学した。ところが、そこで取った教養科目授業は目からうろこが落ちるほど面白かった。大嫌いであった歴史でさえも、年号を覚えるのではなく、ある出来事の起こった理由を深く掘り下げる講義を面白く聞いた。苦手だった数学の授業では、行列がこんなに面白く、しかも、理解できるとは思いのほかであった。東女の教養レベルのクラスはすべてこの調子で、私は初めて勉強が面白いと思った。

　次の年、海外の大学との交換留学制度のあるICUへの夢が捨てきれず、編入試験を受けて合格した（当時、海外の大学と交換留学制度を備えている大学は少数だった）。一年時のFreshman English[2]の後、「国際法」や「西洋政治思想史」等の授業を取って、大学での勉強は面白いという印象をさらに深くした。横田先生の授業はその内容の学問的な質の高さに留まらず、先生の生き方と価値観が深く表れていた。また、当時の国際法の世界的なトレンドも踏まえた授業だったため、後に国連競争試験を受けるときには、授業のノートを復習する以外の準備は必要としなかった。その上、国連で働いている横田ゼミの先輩方がどうやって国連に入ったかという話を聞いて、国際機関への就職に対してイメージが具体的に湧いてきた。この頃、国連の日本人職員の中でICUの卒業生の数が一番多かったと思う。しかしながら、私がICUを卒業した後、横田先生は他大学に移られ、それを機にICU卒業生の数は増えなくなったように思う。学生が国際機関への就職の具体的イメージを持てるか、それを教えられる教授がいるか、国際機関に就職した先輩の話を聞けるかどう

2　このFreshman Englishは後の留学と国連への就職に非常に役に立ったのは言うまでもない。

かということは、国際機関で働く日本人を増やすためにとても大切
なことだと思う。

　先生はまた、国連に就職したい場合は海外に留学することを勧め
ていらした。英語力だけでなく、新しい経験をすることは自信につ
ながるからとおっしゃっていた。その言葉に押されて、私はアメリ
カの大学に交換留学する決意を新たに固めた。今振り返っても、学
部と大学院での二度の留学なしに国連に就職できたとは思えない。
そして、1 年間の学部交換留学を終え帰国すると、横田先生はそれ
まで自信がなさそうな発言しかできなかった私[3]が、堂々と意見を
言えるようになった、と褒めてくださった。それがまた、次の自信
になった。先生からは、国際法の知識だけでなく、自分の意見をき
ちんと述べること、さまざまな経験が自信につながるということを
学んだ。しかも先生はよく「人生は楽しければいいんですよ」とお
っしゃった。大学教授がそうおっしゃることは予想外だったが、そ
れは私の人生観に深く影響を与え、後に決定に迷ったときには、よ
り「楽しいこと」を選択するようになった。

　大学院の博士課程を終了した後、私は ICU で学生結婚し、夫と共
に渡米し、別々の大学院に留学した。LLM の学位を取った後、博士
課程に在籍していた夫と合流し、夫の奨学金と私のベビーシッター
の現金収入だけの貧乏生活が始まった。他の国からやってきた学生
の多くも貧乏学生だったが、彼らとの交流や貧乏生活はそれなりに
楽しかった。そんな折、1986 年 9 月のある日、横田先生から突然国
際電話がかかってきた。先生は、「博士論文をあと 1 年半以内に書か
ないと ICU から博士号をもらう資格を失うが、今後の予定は？」と

3　妹の回顧によると、小学校の頃から私は自分の思うところを自由に言っていたらし
　い。ただ、人見知りだったため、指導教授の前ではおとなしく、上級生の多い授業
　ではどちらかというと下を向いて当たらないようにしていた。

お尋ねになる。すっかり博士論文と向き合うことを忘れていた私だが、「書かないことにした」とは言えなかった。先生はとりあえず2か月間日本に帰ってきてアウトラインを書きなさいとおっしゃった。それから苦節1年3か月、ついに私は博士論文を1987年11月30日に提出し、最終審査にも無事合格し博士号を取得した。

　しかしながら、国連においてはこの博士号は、初任給が若干高くなるという以外、直接的には仕事の役に立たなかった。国連は学位の必要性を強調はするが、入ってしまったら、経験のほうが学位よりずっと有益である。ただ今振り返ってみると、博士論文を書いたという事実は、私に自己満足と密かな自信を与えてくれた。この密かな自信は国連ではとても役に立った。それは人前でも、上司の前であっても、私が正しいと思うことを主張する勇気を与えてくれたと思う（今になると、若干やりすぎた感もある）。しかし、密かな自信の最大の効果は、私を国連でSecureにしてくれたことであろう。Secureを一言で表すのは難しいが、それは心の状態が安定していて、それゆえに周りの人の言動に一喜一憂せず、落ち着いた自分でいられることというような意味である。私はSecureであったゆえに自分に対する批判に関して鈍感だったから、不安に襲われることも少なく、自分を必要以上に正当化することもなく、多少の「いじわる」はやり過ごすことができたのだと思う。鈍感さは国連のような競争的な職場では有益な能力である。

Ⅱ　国連でのキャリア

　国連では27年3か月働いた。その幸せなキャリアを3つに分けて紹介したいと思う。まず、私の国連のキャリアの中で大部分を占めている人事部時代、そして、私のフィールド経験、最後に2006年から定年退職直前まで過ごした新しい統合業務システム構築プロジ

ェクト（"Umoja" プロジェクト）である。

国連人事部

　私は国連競争試験の法律分野に合格し、1988年7月に人事部の職員規則の改定や解釈を担当するセクションに法務官として採用された。競争試験の面接は確か1988年の4月頃だったので、国連としては異常に早い採用だった。

　そのセクションは当時専門職員が二人の小さなセクションで、そこにいた P3 が別の部署に動くので緊急に人がほしかったらしい。また、私の最初の上司になる女性はチリ人で、アメリカン大学法律学大学院での私のチリ人の指導教授（クラウディオ・グロスマン教授はその後アメリカン大学法律学大学院の Dean となり、さらに国際法委員会の委員にも選出された）とは友人だったらしい。チリ人の上司は私の履歴書にあったグロスマン教授の名を見て、早速私の「評判チェック」をしたと後から知らされた。その上、この最初の契約は年末までの短期契約（5か月7日）だったので、あっという間に採用プロセスが完結し、オファーが来たのだった。当時競争試験で採用される人は2年の試験任用（Probationary Appointment）を経て終身任用（Permanent Appointment）になるのが普通だったが、私としては、長い貧乏学生生活を一刻も早く抜け出したかったし、日本の某自動車メーカーからのオファーを断った（夫をアメリカに置いて日本に帰るのは嫌だったし、万が一、カラオケが大嫌いな私が上司や同僚とカラオケに行かなくてはならないような状況に陥るのは困ると思った[4]）ばかりだったので、法務局で働きたいという希望はあったものの、早く国連で仕事を始める選択をし、オファーを

4　この会社でカラオケに行く慣行があるのかどうかは調べなかった。

イーストリバー越しに見える国連

受け入れた。双方の利益が一致し、1988年7月25日に私は晴れて国連職員になった。当時マンハッタン島の東側に位置するロングアイランドから通勤していたので、鉄道からマンハッタンに向かう途中に見える国連は朝日に輝いていて、そこで働くことをとても誇りに思った。

　さて、当時の国連事務局は今から見ればとてものんびりしていた。私の最初の仕事は、後述するように「枯草の中から針を見つけるような」文書探しだったが、それまでの長い学生生活とは異なって、ファイルを読んでお給料がもらえる良い仕事だった。私は重要だと思われたり、後で有用だと思われるルーリング（Ruling）という職員規則やその下位文書の解釈メモをコピーしたり、索引を作った。ファイル探しが上手になると、少しずつ職員規則や人事政策の解釈、職員規則の改定の起草をさせてもらえるようになった。この

1991年5月、オフィスにて

　チリ人の上司はナミビアの平和維持活動を支援するために2年後に
違う部署に移ってしまった。
　その次に上司になったのは、南アフリカ人の女性であった。彼女
は私のセクションに来る前には労使間の訴訟問題を扱う仕事をし
ていて、午前11時頃オフィスに来て午後9時や10時まで働いてい
たが、このような不規則な勤務時間に文句を言える人は人事部長を
始めとして誰もいなかった。厳しいが優秀な人だという評判で、私
は怖くてこの人とだけは働きたくないと思っていたところ、向こう
から私のほうに来てしまった。強い南アなまりで、最初は何を言っ
ているのかも良く理解できなかった。その上司はやがて、私の文書
を探し当てるリサーチ能力と論理的思考を評価してくれた。彼女が
付箋に「良くできた（Well Done）」と書いてくれたときは勲章をも
らったようで、長い間その付箋は取ってあった。

　さらに、2年が過ぎた頃、人事部の職員管理セクションから人事官（Personnel Officer）として移って来ないかと誘われた。その頃私は机上の仕事に飽きてきて、職員規則や政策が実際にはどう運用されているのかに興味が移っていた。こうした動機から職員の契約、給与、昇進、移動などを扱うオフィスに移動した。ある意味でこの移動が私を永遠に法務職から遠ざけたが、結果的にはそれは良い決断だったと思う。

　新しいオフィスは、職員規則を運用し採用以外の人事業務をすべて担うところであって、超多忙だった。朝オフィスに行くと分厚い個人ファイルが"IN"のかごに山積みになっている。そのファイルには、職員からの「願い」や「例外申請」あるいは訴訟部門からの「意見請求」などが付いていた。それを1つ1つ精査して、Delegation of Authority に応じて、承認や却下を自分で決定するか、立場を決めて上司の決裁を求めるのが主な仕事で、ケースの背景、争点、許可・却下の理由などをすべてメモと言われる形式の文書に記録しなければならなかった。また、永久任用への契約切り替え、昇進や解雇のためのプレゼンテーション等も私たちの仕事だった。どの仕事も時間はかかるが、面白い仕事だった。ただ、この頃の人事は、職員が提出するさまざまな根拠を示す書類（たとえば子供の出生証明書、子供の学校の出席証明書、家賃手当用の賃貸契約書など）をくまなく調べ、問題があれば、学校や証明書を発行している役所などに連絡を取るというような仕事の仕方をしており、時間がかかる上に職員を信用していない、と悪評だった。[5]

　このセクションには20名ぐらいの専門職と25名ぐらいの事務職

5　当時、扶養者手当、住宅補助金と教育費手当は専門の部署が行っていたが、職員の不当受領が発覚すると、不当を働いた職員よりもこの部局の職員の「怠慢」と見なされる傾向にあったため、受給審査がどんどん厳しくなっていた。

員が働いていて、世界中の人事業務を管轄していた（ただし、地域委員会や平和維持活動には専属の人事部があったが、例外やある種の決定は本部人事部で決裁されていた）。したがって、さまざまな決定に一貫性が必要であることから、難しいケースを話し合う週1回の人事官ミーティング（Personnel Officer's Meeting）や各人事官が出したメモを回覧してお互いに勉強し合っていた。私が冒頭で国連がのんびりしていたと言ったのは、このような有益だが悠長な仕事の仕方が許されていたからである。新米の人事官にとっては願ってもないトレーニングだったのは言うまでもない。

　しばらくして、この職員管理セクションは採用セクションと統合され、採用から離職まで、あるいは「ゆりかごから墓場まで」のワンストップショップとなって、さらに仕事の多様性と量が増えていった。しかしながら、統合の本当の理由は人手を削ることで、これを機に職員規則の運用を行う部門は次第に縮小されたのであった。

　この後、私は前記のワンストップショップに、さらに一般職員の採用も加えたセクションのチーフとなった。その間に、職員組合との協議や訴訟関係の業務もパートタイムながら行っていた。国連に入ってから9年間、人事行政のルールを最初に学び、その次の5年間でさまざまな人事行政の分野に携わって、人事業務はだいたい経験していた。後述するジャマイカへの出向から戻った後、1999年から2006年までの7年は本部の人事部に戻って前と同じような仕事をしたが、正直に言えば、仕事にはもはや新鮮味がなくあまり魅力を感じなかった。そのような理由から、国連人道問題調整事務所（OCHA）がジュネーブに管理セクションを創設する手伝いをしに3か月、平和維持活動を管轄するフィールドサービス局（DFS）の手伝いに6か月と機会があるたびに短期のアサイメントを繰り返した。また、人事部から地域委員会や平和維持活動の人事行政をモニ

ターする仕事に派遣され、本部とは違ったニーズがあるフィールド
の人事行政への理解が深まったのは幸運であった。

私のフィールド経験

南アフリカの選挙

　1994年、人事で働き始めて6年目の私は、国連が理想郷でない現
実[6]に直面して士気が下がっていた。そんなとき、人事部の同僚が、
南アの選挙監視団に行かないかと誘ってきた。学生時代アパルトヘ
イトに興味を持っていた私は、もう少しで卒論のテーマにそれを選
ぶところであったが、1年上の先輩がすでにそのテーマで書いてい
たので、平和維持活動にテーマを変えていた。だから、アパルトヘ
イトが終わった後の南アを見てみたかったが、それまで開発途上国
に行ったことがなかったので、生活面で不安だった。しかしながら、
この同僚はどんどん話を進め、私は南アに行くことになった。首都
のプレトリアで1週間ぐらいの研修後、当時ノーザントランスヴァ
ール州（今はリンポポ州という）にあるギヤニというところに配属
になった。そこはクルーガー国立公園に隣接している遠隔地だった
が、ほとんど100％の住人がマンデラの率いるアフリカ民族会議
（ANC）を支持していた。私たち八人の選挙監視員は車と現地のド
ライバーをあてがわれ、1チーム8〜9の投票所を回る。選挙日の
数日前、現地の下見としてそれぞれの投票所を回って場所を確認
し、選挙管理委員長へ挨拶に行った。投票所は各集落の学校に設け
られていたが、建物の校庭側には壁がなく、校庭の真ん中にある井

---

[6]　職員規則の適用には例外が可能で、職員の地位が高いほど例外適用が簡単に許可
　　されることを見聞きしていた。高い地位の職員ほど他の職員のお手本として規則を
　　守るべきだと思うが現実は反対で、例外適用を受けることが権力の象徴になってい
　　た。

戸に集まってきているニワトリや子豚が良く見えた。プレトリアの研修で、現地の下見の際には、投票所が建物などの目標物から何キロどの方向にあるかを記録し、当日迷わないようにと指示されていた。ところが、どの集落も似たり寄ったりで、乾いた大地に丸太の柱を立て土壁に藁ぶきの屋根が付いた質素な住居が並んでいるだけで、どの集落にも「目標物」になるような物はなかった。結局、投票所の位置を正確に把握できたのかどうかわからないまま選挙当日を迎えることになり、投票所にちゃんとたどり着けるかどうか不安であった。下見の日はすべての投票所を回って滞在先のホテルに戻る頃には外は暗くなっていたが、満月が煌々と大地を照らしており、運転手が道に迷っても月明かりを頼りにすれば何とかなると思った。南ア出身の運転手は、目標物がまったくない大地の中を一度も間違うことなく、私たちをそれぞれの投票所に連れて行き、帰路も迷うことなくホテルまで帰って来た。私は彼の能力に驚愕した。

　8つの投票所のうち、6つは広い埃っぽい大地の中に点在していたが、残りの2つはギャニの街にあった。1つは病院の中に設けられており、病院と言っても最低限の設備とベッドがあるだけだった。もう1つは宣教師が中心となって設営している投票所で、この宣教師はこの土地で会った唯一の白人であり、現地のスタッフを指図していた。投票所としては整然としていたが、白人のマスターに現地スタッフという構図が見え、アパルトヘイトを想像させ居心地が悪かった。また、別のある投票所では、私が一番先に投票所長の部屋に通されて、彼と握手しようとして手を出したら、女性は存在しないかのように完全に無視されて後ろにいた男性に手を出した。ここまで露骨な男女差別に遭遇したのは人生で初めてだった。

　投票当日、住民の選挙への関心は極めて高く、炎天下の中遠くから歩いてきた人々が日陰もない投票所の前で長い列をなしていた。

1994年南アフリカ最初の全人種参加の選挙　　　　（国連フォト　#UN7779413）

　その中で、老女が大八車に乗せられて、それをお嫁さんが引いて投票所にやって来た。彼女は「私の寿命が尽きる日は遠くはないが、子供や孫たちの将来のために投票に来た」と言っていた。

　また、字が読めない人が多いので、投票用紙は名前だけでなく、写真、政党のロゴなどいろいろな手段で候補者がわかるような工夫がされていた。ツェツェバエに刺されたことから失明した人も多かった。その場合は投票所長が口頭で「誰に投票しますか」と尋ね、私たち選挙監視員の目の前で所長が投票したい政党に丸をつけた。ある投票所では、全国議会選挙用のブースで投票所長が盲目の女性に聞いた。

　投票所長「誰に投票しますか？」
　女性「なんでそんなことを聞くのですか？」

投票所長「あなたが言った人を私が選挙用紙に書きますから、言ってください」
女性「誰に投票するかわかっているでしょう？　なんでそんなこと言わなくちゃならないのですか？」
投票所長「立合人がいて、私がちゃんとあなたの言った人に印をつけるかどうか見ているんですよ。おっしゃってください」
女性「まったく！　こんなこと言う必要がないのに」
投票所長「お願いですから言ってください」
女性「じゃあ1回だけ言うから。マンデラ」
投票所長「ありがとうございました」

　女性は州議会選挙用のブースでは「今言ったばかりなのになぜもう1回聞くのか」と怒り、同じ問答を繰り返した末に、やっと投票を終えた。この問答中、投票所にいたすべての人がクスクス笑っていた。この選挙では、アパルトヘイト下で選挙権のなかった人々が初めて政治に参加できる喜びと、この国の将来に多くの期待を持って投票に臨んでいることをひしひしと感じた。何よりも、国連の仕事が、こんなにも大きな希望を人々に与えていることが嬉しかったし、その一端を担えたことがとても誇りだった。
　南アでは幸いに病院のお世話になることもなく、他の地域で危惧されていた暴力さわぎもなく、キャトルゲートで猛禽類に遭遇することもなく、無事に任務を終了した。毎日判で押したように同じものしか食べられなかったが、そんなことは全然気にならなかった。この南アでの経験以降、どんな場所に行くのもいとわなくなった。長期の滞在であれば躊躇するだろうが、短期の出張であれば一般の人が行かないような場所（たとえば、コソボのプリシュティナやミ

ネルソン・マンデラ投票する　　　　　　　　　　（国連フォト　#UN7779414）

ジュバの贅沢は二人用テント[7]（2006 年 4 月）

トロヴィツァ、レバノンのナクラ、スーダンのエルオベイド、南ス
ーダンのジュバ、アフガニスタンのカブール等）へ勇んで行った。

国際海底機構（International Seabed Authority, ISA）

　南アの経験から 3 年後の 1997 年、海洋法オフィスに勤務してい
る職員が会いに来た。彼はしばらく前に、移動・困難地手当
（Mobility and Hardship Allowance）の支払いを申請してきたが、私
はそれを却下したので、文句を言いに来たかなと思った。ところが、
彼は国連海洋法条約の発効を機に国際海底機構がジャマイカのキ
ングストンに設立されるので、新しい機関の管理部長（Chief of

7　当時、ジュバにはホテルがなく、宿舎として最も贅沢な二人用テントがあてがわれ
　た。さそりが入らないように靴はチャック付きのビニール袋に入れるようにと言わ
　れ、蚊に刺されないように蚊帳を吊り、その外から扇風機をぶんぶん回して眠った。

Administration）を探していると言い、私にその職に就かないかと尋ねた。「なぜ私に？」と問うと、かつて移動・困難地手当の申請を却下した私の理由付けが、わかりやすく理路整然となされていたことに感心したので、あなたのような人が管理部長に相応しいと彼は答えた。私は相変わらず、国連の一部の上級職員に誠実さが欠如していることに嫌気がさしていたので、国際海底機構の長は誠実かと聞いたら、彼は「誠実だ」という返事をした。それで、私は行っても良いと思ったが、正式に返事をする前にジャマイカを一度見てみようと思った。

　7月のある日、真夏のキングストン空港に着いたら、国際海底機構の運転手が待っていた。彼はボロボロの大きな車に私を案内してくれて、クーラーが壊れているから窓を開けて走ると言った。空港から町に入るには、細い砂洲に造られた道を通らねばねらず、その道沿いにはドラム缶を縦に半分に切った手作りのバーベキューグリルが並んでいる。ドラム缶からスパイスの効いた香ばしい匂いが車の中いっぱいに入ってきた。ジャークチキンというジャマイカの国民的な料理だ。「この国は良い匂いがする！」。私は、その瞬間、この話を受けることに決めた。

　私の仕事は、人事と財政などの規則と制度を整え、さまざまな行政分野の政策を公布し、オフィススペースを機構に相応しい仕様に整え、空席を埋め職員を雇い、1年に1回の総会を滞りなく開催することなどであった。人事以外の仕事は初めてだったので経験と知識を広める良い機会となった。しかしながら、期待に反して、小さいオフィスでの人間関係の難しさも経験した。ISAのような小さいオフィスでは物事が個人的（Personal）になることが多く、申請を却下すると「私のことが嫌いなんだ」となる。また、すべての職員がオフィスの長の行動や価値観を身近に見たり、感じたりするので、彼

国際海底機構本部　　　　　　　　　　　　　　　　（写真：国際海底機構）

の影響は良くも悪くも甚大で、私たちはみな王様の家来だった。

　個人的にも有意義なことが多かった。たとえばジャマイカ人のメンタリティーとカルチャーを知ることができた。その上、夫が私の在職2年目にキングストンにあるウエストインディーズ大学モナキャンパスで1年教えることになった。彼が来たことで私の日常生活と週末の質が劇的に向上し（それまでは、週末の買い物と掃除が娯楽だった）、夫を通じてオフィス外の友人もでき、ジャマイカの美しい海と山も堪能することになった。

　ただし、2年の任期を終えて国連本部の元のオフィスに帰って来ると、再適応の必要に迫られた。私は新しい経験をし、ちょっと大きくなって帰ってきたつもりだったが、オフィスは私がどんな経験をしたかとか成長したとかいうことに興味はなく、前にやっていたことを淡々とこなしてほしいようだった。これは、私だけに起こっ

たことではなく、みな短期や臨時の移動の後に元のオフィスに戻ると同じような経験―本人とオフィスの期待の間のギャップ―をしている。

国連人道問題調整事務所（OCHA）ジュネーブオフィス

　そんなこともあって、ジャマイカから帰って来てからは、人事部に所属しながら、機会があるごとに短期出向の機会を模索した。ニューヨークにあるOCHAはフィールド関係のサポート業務をジュネーブに移そうとしていたが、その業務を担う管理部長は不在で、その人の臨時代行として人事セクションを立ち上げるのが私の短期出向の仕事だった。OCHAは急激に業務を拡大しており、仕事量は膨大であったが、国連の仕事の内容やそのやり方をわかっている人が少なかった。人道業務は緊急性を要するので、すべてにおいて規則を例外的に適用するべきだ（つまり規則を遵守しないことも正当化できる）というのが大方のマネージャーの態度だった。私は、逆さの（upside down）オフィスと呼んだ。たとえば、通常の採用はマネージャーが採用リクエストと候補者の履歴書を人事に提出することで始まるが、OCHAのマネージャーは「xxxの赴任はいつか？」と問い合わせてくるものの、人事にはその人の履歴書も応募書類もなく、採用リクエストも届いていないというような状況が多々あった。短期出向が終わる3か月後、何とか仕事を進める体制を整えて、さまざまな火消しをして、ニューヨークに戻るときに、OCHAジュネーブの長が私を呼んで「ここに残らないか？　昇進させてあげるよ」と言った。私は「逆さま」に付き合い続けていくのはストレスになるし、例外を乞うパワーゲームの中に身を置きたくなかったのでお暇した。しかしながら、このような体験は現局のニーズや現実を知る貴重なものとなった。

　このほかにも、さまざまな平和維持活動や地域委員会の人事行政をモニターする活動にも参加した。振り返ると、ニューヨークの人事部で働いたことが私の国連キャリアの基礎を作ったとしたら、フィールド経験は人事行政の深淵を見ることになり、私のキャリアを深めた。

ERPプロジェクト（Umoja）への参加

　私が国連に入った1980年代の後半時、国連にはタイピングユニットという文書をタイプすることが専門のユニットがあって、IBMのタイプライターがたくさん置いてあった。その後ワードプロセッサーなるものが出てきて、速さと正確さに誇りを持って働いてきたタイピストたちは職を失うのを恐れてストライキをした記憶がある。また、テレックスオフィスがあって、緊急の文書はテレックス用大文字でタイプして持っていくと、海外のオフィスに送ってもらえた。

　その頃の人事通知書（Personnel Action）は、秘書たちがそれぞれ色が違う5〜6枚続きのカーボン用紙にIBMのタイプライターで打ち込んでいた。打ち終わったらオフィサーがサインし、それぞれのページが切り離され、違うセクションに送られていた。

　しかし、近代化の波が国連にも押し寄せ、国連でもコンピューターシステムを導入することになり、その準備が1990年代の中頃から始まっていた。国連の統合管理情報システム（Integrated Management Information System, IMIS）である。私はユーザーとしてさまざまな機能テストに参加したが、人事業務のニーズを満たすには程遠く、そのときに使い勝手や機能の改良の要望をすると、「お金がない」か「時間がない」という理由で、何も聞き届けてもらえなかった。せっかく新しいシステムを構築しているのに、ユーザーの

ニーズを取り入れられないのはとても残念に思った。このときに、将来このようなプロジェクトがあったら、一番最初から参加しようと心に決めていた。

　その機会が2006年に訪れた。国連のIMISは名前に「統合」を冠していたが、このシステムは8つの勤務地で別々に機能しており、国連全体では統合されてはいなかった。また、時間の経過と共にシステム自体も陳腐化し、容量不足や処理速度の問題も認識されるようになっていた。しかも、開発に携わった技術者が転出や退職によって減少しつつあったため、システムをアップグレードすることも難しくなってきていた。その上にIMISが想定しなかったニーズ（人事の場合は、増大した平和維持活動を担う人々のデータ処理と管理等）が増え、それらを満たすために、個別の独立したシステムが多数開発された。総会への報告書を作成するのにも、必要な情報を複数のデータベースから収集統合する必要があり、極めて非効率であった。このような統合されていないシステムは、個別のニーズは満たすものの、事務局全体が必要とする財の総合的な管理能力は持っていなかった。

　このとき、勤務地と機能分野を超えた真の統合システムを構築し、さらに国連の会計基準を国際公会計基準（International Public Sector Accounting Standards, IPSAS）に合致させ、人材、財政、調達、資産管理を統合・合理化する必要が認識された。国連は自前のIMISから既成のERPシステム（資源・資材・データを一元的に管理するシステムで、後に入札によってSAPに決まることになる）を導入するプロジェクトを立ち上げることにした。そこで私はこの大きなプロジェクトに、人事部の代表として最初から参加することにした。これが"Umoja（ウモジャ：スワヒリ語で統一という意味）"という国連の統合業務システムの開発プロジェクトであった。

Umojaプロジェクトではノンスタッフである国連警察も役割を担った。
国連警察チームとUmojaサポートチーム

　このプロジェクトは新しいこと尽くしだった。まず、今まで親しんできた国連用語や人事用語は影を潜め、外から来たITコンサルタントが使う「民間」言葉はまるで外国語で、部局の長のことをビジネスオーナーと呼び、私たちが事務方以外の部局の総称として使っていた「現局」"substantive office"は「ビジネス」、「仕事のやり方」は「ビジネスプロセス」と言い換えられた。彼らの立ち居振る舞いはまったく国連とは異なっており、まるで、ウォールストリートに来たようだった。

　最初の数年間は、入札によるソフトウェアの調達や、現在の仕事のやり方（これを「アズイズ（As Is）」と呼ぶ）をVisioというツール（図形と矢印を使う）を使って可視化することに時間を費やした。その後、未来の「ビジネスプロセス」（これを「トゥビー（To Be）」と

Umojaサポートチームとハイチミッションチームとの打ち合わせ風景

いう）を「ビジネス」と一緒にデザインする段階に移った。

　人事局では、この機会を捉えて基本的な業務のやり方を刷新し、人事局の職員が維持管理していた個人データを職員自身が維持管理するという「セルフサービス」をできる限り導入する方針を取った。それと共に、業務の柔軟性と透明性の増大、責任所在の顕在化、紙の使用の削減、個人情報の自己管理への変換などのテーマを掲げ、平和維持活動を含むほぼすべての任務地に勤務する人事職員を総動員し、未来の業務のやり方を定義しなおした。

　新しいシステム導入後の抵抗感を軽減するために、未来のビジネスプロセスは事前に承認してもらう必要があった。そのために、私たちプロジェクトチームは世界中にあるオフィスを説得しに回った。人事職員の中には、セルフサービスの導入によって人事が管理能力を失うこと、その結果、証明書の偽造や不当な待遇の自己申告

などが増えることを懸念している人が多かった。そういう人たちには、ほとんどの職員は誠実で詐欺や証明書の捏造はごく少数のケースに限られており、その事実は将来も変わらないであろうこと、したがってそれらは大幅に増える見込みはないこと、また、モニタリングを強化してスポットチェックを行うこと、個人データはデータの保持者が管理することが最も能率的であること、などを示して粘り強く説得した。

　私の国連に対する最後で最大の貢献は、このセルフサービスの導入だと自負している。セルフサービスを中核とした国連人事業務の根本的改革を、HRチーム一丸となって達成できたことはこの上もない喜びであった。

　正直に言えば、私の人事代表としてのUmojaの任務は、この時点で、つまり将来のビジネスプロセスをデザインし、そのデザインが承認された時点で終わっていたが、私は足掛け7年も関わってきたUmojaが、どう機能するか最後まで見届けたかった。

　2012年にERP実現の手腕を買われ着任した私の新しい上司はIT畑の人で、もともと規則が細かく例外が多く、そのためにプログラム化するのに手間とお金がかかる人事モジュールの存在を良く思っていなかった。その上、IT的思考を持たない私は彼のお気に入りではなかった。だが、幸いにも私は鈍感な上に厚顔無恥でそのことになかなか気が付かず、結局、ハイチでの人事モジュールを含むパイロットを実現させ、2015年の3月31日までUmojaに残った。

　このように私の国連でのキャリアを振り返ってみると、最初に配属されたオフィスでファイルを読むことによって国連の職員規則とその運用、運用から生じる問題を徹底して教え込まれたことが、私のその後のキャリアパスを決めたことが良くわかる。

　国際公務員制度は国連の設立文書である国連憲章と、それから派

生したさまざまな人事規則やポリシーによって形作られている。か
つて、国連事務局では新入職員に対する研修があり、そこでは人事
官が国連の職員規則と人事ポリシーを説明し、すべての職員が国際
公務員に関する最低限の知識と国際公務員の地位、性格、権利義務
の基本を理解するように努めた。

　これを次の章でお話ししたい。

第2章　　　国際公務員の性格
―国連職員を例として

I　国際公務員とは誰を指すか

　国際公務員は国際機関で働く職員の総称であるが、本パートⅠで
は、主にその代表格である国際連合（国連）職員を中心に見ていく
ことは前に述べた。また、図1に示すように、国連システムはさま
ざまな機関からなっており非常に複雑である。ここでは「国連」に
は、国際連合事務局（国連事務局）、その補助機関、および下記の「計
画」と「基金」を含める。これらの機関は国連総会によって設立され、
国連総会の採択した職員規則をそれぞれの職員規則として採用し
ているからである。

　　国連開発計画（United Nations Development Programme, UNDP）
　　　　国連資本開発基金（United Nations Capital Development
　　　　　　　　　　　　　　Fund, UNCDF）
　　　　国連ボランティア計画（United Nations Volunteers, UNV）
　　国連環境計画（United Nations Environment Programme, UNEP）
　　国連人口基金（United Nations Population Fund, UNFPA）
　　国連人間居住計画（United Nations Human Settlements
　　　　　　　　　　　　Programme, UN-HABITAT）
　　国連児童基金（United Nations Children's Fund, UNICEF）

　上記のいわゆる「国連」のほかに、国連専門機関と呼ばれる国際
機関がある。これらは、経済・社会・文化・教育・保健その他の分

国際公務員の基礎知識

図1　国際連合システム

第 2 章　国際公務員の性格 ―国連職員を例として

ム

| 研修所 | その他の国連機関 | 関連機関 |

研修所
所(UNIDIR)
究所(UNITAR)
スタッフ・カレッジ(UNSSC)
J)

■ その他の国連機関
国際貿易センター(ITC)[UN/WTO]
国連貿易開発会議(UNCTAD)[1,8]
国連難民高等弁務官事務所(UNHCR)[1]
国連プロジェクトサービス機関(UNOPS)[1]
国連パレスチナ難民救済事業機関
(UNRWA)[1]
ジェンダー平等と女性のエンパワーメントの
ための国連機関(UN-Women)[1]

■ 関連機関
包括的核実験禁止条約
機関準備委員会
(CTBTO-PrepCom)
国際原子力機関(IAEA)[1,3]
国際刑事裁判所(ICC)
国際移住機関(IOM)[1]
国際海底機構(ISA)
国際海洋法裁判所(ITLOS)
化学兵器禁止機関(OPCW)[3]
世界貿易機関(WTO)[1,4]

和維持活動・政治ミッション
戦委員会(アドホック)
設委員会及びアドホック組織

| 平和構築委員会 | 持続可能な開発に関する
ハイレベル政治フォーラム
(HLPF) |

その他の機関
発政策委員会
牧専門家委員会
政府組織委員会
主民問題に関する常設フォーラム
連エイズ合同計画(UNAIDS)
理学的名称に関する
連専門家グループ(UNGEGN)
ローバル地理空間情報管理に
する専門家委員会(UNGGIM)

査及び研修所
連地域犯罪司法研究所(UNICRI)
連社会開発研究所(UNRISD)

■ 専門機関[1,5]
国連食糧農業機関(FAO)
国際民間航空機関(ICAO)
国際農業開発基金(IFAD)
国際労働機関(ILO)
国際通貨基金(IMF)
国際海事機関(IMO)
国際電気通信連合(ITU)
国連教育科学文化機関(UNESCO)
国連工業開発機関(UNIDO)

世界観光機関(UNWTO)
万国郵便連合(UPU)
世界保健機関(WHO)
世界知的所有権機関(WIPO)
世界気象機関(WMO)
世界銀行グループ
(World Bank Group)[7]
・国際復興開発銀行(IBRD)
・国際開発協会(IDA)
・国際金融公社(IFC)

際防災機関(UNDRR)
連薬物犯罪事務所(UNODC)[1]
連ジュネーブ事務所(UNOG)
発開発途上国、内陸開発途上国、
島嶼国開発途上国担当
級代表事務所(UN-OHRLLS)
連ナイロビ事務所(UNON)
連パートナーシップ事務所
JNOP)[2]
連ウィーン事務所(UNOV)

備　考

1　国連システム事務局調整委員会(CEB)の全メンバー。

2　国連パートナーシップ事務所(UNOP)は国連財団とのフォーカルポイント。

3　国連原子力機関(IAEA)と化学兵器禁止機関(OPCW)は安全保障理事会および総会に報告する。

4　世界貿易機関(WTO)には総会に対する報告義務はないが、金融および開発問題などについて、総会お
　よび経済社会理事会に対して、アドホックに報告を行う。

5　専門機関は自治機関。その活動の調整は、政府間レベルでは経済社会理事会を通じて、事務局レベルで
　はCEBを通じて行われる。

6　信託統治理事会は、最後の国連信託統治領パラオが1994年10月1日に独立したことに伴い、1994年
　11月1日以降活動を停止している。

7　国際紛争解決投資センター(ICSID)と多国間投資保証機関(MIGA)は専門機関ではないが、憲章の57
　条と63条に従い、世界銀行グループの一部である。

8　これらの機関の事務局は、国連事務局の一部である。

9　事務局を構成するその他の部局として、倫理事務所、国連オンブズマン、調停事務所、司法行政事務所な
　どがある。

10　経済社会理事会の補助機関の包括的リストについてはwww://un.org/ecosocを参照

この組織図は国連システムの機能的な組織関係を反映しており、広報を目的として作成された資料です。
国連システムのすべての機関を網羅するものではありません。

野で国際協力を推進するために設立された国際機関[8]で、国連憲章第57条および第63条に基づき国連との間に連携協定を有し国連と緊密な連携を保っている。これらの職員も国際公務員であり、国連と似た人事制度を持っているが、それぞれが独立した機関であるので詳細は異なる。以下の15の機関が国連専門機関に含まれている。

国連教育科学文化機関（UNESCO）

国際通貨基金（IMF）

世界知的所有権機関（WIPO）

国連食糧農業機関（FAO）

国際農業開発基金（IFAD）

国連工業開発機関（UNIDO）

世界銀行グループ（World Bank Group）

　　　国際復興開発銀行（IBRD）

　　　国際投資紛争解決センター（ICSID）

　　　国際開発協会（IDA）

　　　国際金融公社（IFC）

　　　多数国間投資保証機関（MIGA）

国際民間航空機関（ICAO）

国際労働機関（ILO）

国際海事機関（IMO）

国際電気通信連合（ITU）

　　　アジア・太平洋電気通信共同体（APT）

万国郵便連合（UPU）

8　これら専門機関の中には、国連や国際連盟より前に、もともと行政連合として設立された国際機関を含んでいる。これらは国連が設立したものではないが、国連と連携協定を結んでいるために、「国連」専門機関と呼ばれる。

世界観光機関（UNWTO）
世界保健機関（WHO）
世界気象機関（WMO）

　国際公務員は国際機関の職員からなる。ただし、国際機関で働いているすべての人が職員であるかというとそうではない。

　たとえば国連憲章は、事務局は主要機関の 1 つであるとし（第 7 条）、事務局は事務総長と職員によって構成され、事務総長はこの機構の行政職員の長であると規定している（第 97 条）。さらに第 101 条では、職員は総会が設ける規則にしたがって事務総長が任命するとある。つまり、国連職員は主要機関の 1 つである事務局に属し、その頂点に立つ事務総長に任命される。

　さらに、国連職員規則の「範囲と目的」では、国連事務局の職員は、国連総会で採択された職員規則にしたがって結ばれる任用契約（Letter of Appointment）を持つ職員を指すと定義している 。したがって、事務総長に任命され、国連と任用契約を結び、職員規則が適用される者が国連職員、つまり、国際公務員となる。

国連職員のカテゴリー

　国連職員には大きく分けて 3 種類の職員のカテゴリーがある。

専門職員（Professional and above categories）

　専門職員は、高度な論理的思考、コミュニケーション能力、専門的知識、経験を生かして業務にあたる職員および管理職職員（管理職には上記に加えてリーダーシップが必要）を指し、彼らは後に述べるように国際的に任用される。このカテゴリーには、専門職 P1 から P5 までの 5 つの階級、2 つのディレクター階級（D1 と D2）、事務

次長補（Assistant Secretary-General, ASG）および事務次長（Under-Secretary-General, USG）の階級がある。そのほかに現地採用ではあるが、現地採用専門職員（National Professional Officer, NPO）も職種としては専門職と考えられている。

一般職員（General Service categories）

一般職員は専門職員の下で一般事務あるいはサポート業務を担当する職員、たとえば、秘書、運転手、警備官、語学教師、広報助手などで、通常現地任用である。このカテゴリーにはGS1からGS7まで7つの階級がある。

平和維持活動を担うフィールド職員（Field Service categories）

前記の2種類の職員はすべての国連機関に共通しているが、国連事務局ではさらに平和維持活動を担うフィールド職員がおり、FS1からFS5までの一般職員と同等と見なされる職員と、FS6 とFS7の専門職員と見なされる職員が働いている。

職員の任用契約の種類

職員のカテゴリーに関わらず、職員は以下のいずれかの任用契約が与えられる。

期限付き任用（Fixed-term Appointment）

新規ポスト、職員の移動や離職による空席、1年以上のプロジェクトなどのポストに空席公募によって選ばれた職員、およびJPO派遣プログラム（Junior Professional Officer, JPO）やYoung Professional Programme（YPP）から任用された職員には、通常期限付き任用が与えられる。期限は1年から5年である。

継続任用（Continuing Appointment）

　期限付き任用職員が 5 年以上継続して勤務し勤務成績が良好な場合は、機関のニーズに応じて、また機関の定める基準に応じて、継続任用に考慮される権利が生じ、多くの場合継続任用が与えられる。YPP から採用された職員は、原則的には 2 年間の期限付き任用を勤務良好で終えた場合は、継続任用に契約が切り替えられる。JPO は派遣国の拠出によって作られたポストに就いているため、機関のポストに採用された後、5 年の継続勤務をしない限り継続任用を与えられる資格がない。

臨時任用（Temporary Appointment）

　機関に 1 年以内の短期ニーズがある場合には、臨時任用の職員が採用される。期限は 364 日だが、例外的に 729 日まで契約が延長されることがある。

職員以外の従業員（ノンスタッフ）

　ノンスタッフとして採用された人は後に職員になることも多いので、ここでノンスタッフを簡単に紹介しよう。

コンサルタント（Consultant）

　コンサルタントは、通常国連職員が持ち合わせていないような特殊な分野の専門的知識とスキルを持ち、国連の短期的な必要性を満たすために採用される。職員の任用の場合は、職員が長く国連に寄与することを期待しているのに対し、コンサルタントの場合は、機関の短期の必要性を満たすための雇用なので、サービスの調達という形を取り、採用は職員の場合に比べて簡便である。職員のような

任用契約は結ばれず、特別業務契約（Special Service Agreement, SSA）という契約を結ぶ。コンサルタントの業務期間は通常、連続する36か月間中24か月間に限られる。

個人契約のコントラクター（Individual Contractor）

個人契約のコントラクターも、機関の短期のニーズを満たすために雇われるが、コンサルタントと違い[9]繁忙期の臨時雇い、あるいは職員の長期休暇や病気休暇、産休等の穴埋めのために雇われ、職員とほぼ同じ仕事をする。コンサルタントと同様な特別業務契約を機関と結び、業務期間は通常、連続する12か月間中6～9か月間に限られている。

平和維持軍の兵士、平和維持活動を担う国連警察官（PKO Soldiers and UN Police）

国連が行っている平和維持活動に加盟国から派遣され軍服や制服を着ている兵士や警察官は、派遣期間中、国連兵士、あるいは国連警察官として平和維持活動に従事し、国連の指揮下に置かれる。しかしながら、彼らは国連職員とは考えられず、任用契約も特別業務契約も結ばれない（国連と国連軍や国連警察官を派遣する加盟国との間には協定が結ばれる）。ただし、国連には個人の資格で採用されるミリタリーオフィサーやポリスオフィサーもおり、その人たちは通常の職員と同様、事務総長に任命され任用契約を結ぶ。

国連ボランティア計画が国連機関に派遣するボランティア

国連ボランティア計画は、国連ボランティアとユースボランティ

9　国連事務局ではコンサルタントと個人契約のコントラクターの職務の性格の相違は明確に定義されているが、他の機関ではその限りではない。

アをさまざまな国連機関の現地に派遣しているが、彼らは派遣された国連機関（たとえば、国連難民高等弁務官事務所：United Nations High Commissioner for Refugees, UNHCR）とは直接の雇用関係を持たず、ノンスタッフである。

インターン（Intern）

さまざまな国連機関は主に学生からなるインターンを受け入れている。多くは無給であるが、最近は有給のインターンも増えてきている。

契約社員（Vendor）

国連機関はさまざまな業務を外注している。国連が契約しているそれらの会社の従業員はノンスタッフとして、たとえば IT の維持、管理、ヘルプデスク、食堂、売店、清掃、庭仕事等の分野で働いている。

Ⅱ　国連と国連職員を規律する法体系

国連憲章によれば、事務総長に任命され、国連と任用契約を結び、職員規則が適用される者のみが国連職員であるが、国連職員の性格を考察するにあたって、彼らにはどういう法律が適用されるのか見てみよう。国際機関で働いている職員は、母国の国民であることには変わりはなく、母国の法律に規律されている。ただ、国際機関で働いているという事実から、職員には母国の法律以外のさまざまな法律・規律も適用される。

国連憲章を頂点とする国連内部の法体系

国際機関は条約で設立される。国連も多国間条約である国連憲章

によって設立された。一般に条約加盟国は、自ら条約に規律されることに同意してこれに加盟するので、条約の拘束力は自らの意思に基づいている。国連の加盟国も自分の意思で条約である国連憲章に合意して、国連に加盟したのである。

　しかしながら、国連憲章は条約であると同時に、国連を設立する文書でもあるので、国連の「憲法」とも考えられている。各国の憲法が国民を律するように、国連で働いている事務総長、職員は、国連憲章が憲法のように作用して彼らを規律すると考えられる。

　国内法が憲法以下の法体系で構成されているように、国連にも国連憲章を頂点とするさまざまな規則が法体系を作っている。職員規則（Staff Regulations）は条約ではなく、国連総会決議として採択されたので、国連の中だけで有効な規則であるが、総会は国連内では「国会」のようなものと考えられるので、職員規則は国連の内部文書の中では国連憲章に次ぐ位置にある。そのように制定された職員規則に基づいて事務総長はその下位に位置する職員細則（Staff Rules）を定めるが、これは事務総長の告示（Secretary-General's Bulletin）という文書として制定される。さらにその下位文書として、管理局長（事務次長）や権限のあるほかの事務次長が交付する行政命令（Administrative Instruction）がある。その下部には権限のある事務次長補がさらに詳細なポリシーや実施規定を定める文書がさまざまな形で存在する。これらの法律的文書は、国際公務員を規律する法体系を作っている。

多国間条約

　前記の国連憲章を頂点とする内部的な法体系のほかにも国連とその職員の地位を定める条約が存在する。たとえば、国連の特権免除条約、専門機関の特権免除条約、国連がアメリカと締結している

本部協定等は多国間条約であり憲章と同様に加盟国を規律し、職員の具体的な特権免除の付与を定めている。[10]

任用契約（Letter of Appointment）

　機関の長の名によって作成される任用契約もまた職員を規律し、個別の職員の任用条件（Terms and References）を規定している。国連事務局の任用契約には下記の事項が含まれているが、[11] ほかの国連機関でもだいたい同じような内容である。

　　　任用の性質（Nature of Appointment）
　　　肩書（Functional Title）
　　　所属（Department）
　　　等級（Grade/Level）
　　　発効日（Effective Date）
　　　任用期間（Duration）
　　　特定条件（Special Condition）
　　　臨時雇用および期限付き雇用は契約の更新や長期雇用への
　　　変換を期待させるものではないこと

Ⅲ　国連職員の地位と性格

　国連憲章は第100条1項で事務総長および職員の責任は「もっぱら国際的（exclusively international character）」な性質だと規定している。本条では「もっぱら国際的」の意味を2つに分け、1項では、事務総長および職員はその任務の遂行に当っていかなる政府からもまたはこの機構外のいかなる他の当局からも指示を求め、また

10　これらの条約は、国連憲章と異なり機構の設立文書ではないので、職員に直接拘束力を持つものではない。

11　Annex II to Staff Regulations

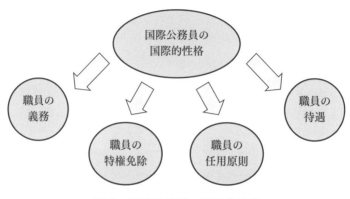

図2　国際公務員の国際的性格

は、受けてはならないこと、および、国際的職員としての地位を損ずる虞のあるいかなる行動も慎まなければならないことを定めている。2項では、各国際連合加盟国は、事務総長と職員の国際的な性質を尊重すること、並びに彼らが責任を果すに当って彼らを左右しようとしないことを規定している。

　国連憲章の加盟国に対する拘束力は加盟国の意志に由来し、事務総長と職員に対する拘束力は憲法的性格によることは前に説明したが、国連憲章第100条には国連憲章のこの二面性が良く表れている。

　国際公務員制度は国際公務員の国際的性格を実現するために発展・確立されてきた制度と言えるが、次に、職員の国際的性格の具体的な意味を細かく見ていくことにする（図2参照）。

Ⅳ　国連職員の権利義務

国際的性格から派生する義務

　国際公務員の国際的性格が最も直接的かつ顕著に見られるのは
職員の権利義務に関する規則である。国連の職員規則はたくさんの
ページを割いて職員の権利義務（特に義務）を詳細に説明している。

　職員規則 1.2 条では職員に根本的な価値として多様性の尊重とあ
らゆる差別の禁止、並びに最高水準の能率、能力、誠実[12]を保持す
ることを要求している。職員規則、細則ではさらに詳細な義務を具体
的に規定している。

　　独立性[13]：いかなる政府からもまたはこの機構外のいかなる他
　　　の当局からも指示を求め、または受けてはならない

　　国連の利益に対する忠誠[14]：職員は国連の利益のみに照らして
　　　その任務を果たす

　　政治的活動の禁止[15]：参政権を行使することおよび政党の党員
　　　となることは許されるが、国際公務員に要求されている独立
　　　性および不偏性に合致しないいかなる政治活動にも従事し
　　　てはならない

　　公式な意見の表明[16]：国際公務員としての地位、誠実性、独立性、
　　　不偏性を損なうような公式な意見の表明を慎まなければな
　　　らない

12　職員規則 1.2 (b) 誠実の意味として、同条は、高潔 (probity)、不偏性 (impartiality)、
　　公平性 (fairness)、誠実性 (honesty)、正直 (truthfulness) を挙げている。

13　職員規則 1.2 (d)

14　職員規則 1.2 (e)

15　職員規則 1.2 (h)

16　職員規則 1.2 (f)

叙位・贈物・報酬の受領禁止[17]：職員はいかなる政府からも叙位、叙勲、記念品、贈物、または報酬を受けてはならない

利益抵触の禁止[18]：職員の個人的利益が、公務の遂行あるいは誠実性、独立性、不偏性と抵触するときは、職員は機構の利益を優先させなければならない

課外活動の禁止[19]：職員は事務総長の許可なしに国連以外の職業に従事してはならない

適正な公務の遂行[20]：国連の職場および財産は公的な職務の遂行のみに使用されなければならない

守秘義務[21]：公務のすべてにわたって完全な裁量を行使し、職務遂行上知りえた情報を任務遂行上必要な場合または事務総長の許可がある場合をのぞく他、いかなる者に知らせてはならない。また、職務上知りえた情報を、個人的な利益のために使用してはならない

国際性に派生しない職員の義務

職員の国際的性格から派生しない義務には次のようなものがある。

　機構の長の権限に従うこと[22]

　現地法に従うこと[23]

　性的搾取と虐待の禁止[24]

17　職員規則 1.2 (j)
18　職員規則 1.2 (m)
19　職員規則 1.2 (o)
20　職員規則 1.2 (q)
21　職員規則 1.2 (g,i)
22　職員細則 1.2 (a)
23　職員細則 1.2 (b)
24　職員細則 1.2 (e)

いかなる差別とハラスメントの禁止[25]

個人的情報提供の義務（国籍、永住権、婚姻および扶養家族の情報、逮捕）[26]

国連職員の権利

以上で見た詳細な義務に比して、職員の権利はシンプルである。以下が職員規則・細則上に見られる権利の規定である。

個人的な意見と信条（政治的宗教的信念を含む）を持つこと[27]

投票権を行使すること[28]

政党の党員となること[29]

職員の団結権[30]

勤務評定[31]

義務に関するケーススタディ

先に記した国際公務員の義務は規範的で自分とは縁遠いと思うかもしれない。しかしながら、国際公務員の義務への抵触は実際には、はるかに身近で国連職員に日常的に起こり得る。それらの例を見ることによって、義務への理解を深めることができるので、以下に 5 つの例を挙げた。どの例も実際に起こったケースではあるが、ここでは争点をわかりやすくするために、若干単純化している。

25　職員細則 1.2 (f)

26　職員細則 1.5　第 4 章で見るように、国連職員の待遇を決定するのにはさまざまな要素があり、ここに挙げたような個人情報も待遇決定の要素になるので、職員はそれらの情報を提供する義務を負う。また、国連は職員の査証の取得を援助するが、その際にも国籍などの個人情報が必要になる。

27　職員規則 1.2 (f)

28　職員規則 1.2 (h)

29　職員細則 1.2 (u)

30　職員規則 8.1 (b)

31　職員細則 1.3

ケース1：国連職員の国際性・中立性・普遍性と部族長の活動

状況：私が国連人事部で働いていたときに、財政担当の幹部職員からメモが届いた。メモには、彼が母国の部族から部族長になるように要請されたことが記されており、部族長になることが国連職員の義務に抵触するかどうか、さらに、この要請を受けても良いかを助言してほしいと書いてあった。

分析：部族長になるとはどういうことだろうか？　この職員はその役割を説明はしなかったが、部族内の秩序を守り、部族の利益のためにさまざまな決定をし、紛争の仲裁をし、祭りごとを司り、場合によっては利益の分配にも関与するかもしれない。部族の利益を守るということは、国政の場でも地元の利益を代弁し、さまざまな影響力を行使する必要があるだろう。これらを総合すると、部族長になることは、常に国連の利益のみを考え職務を遂行する義務を課されている国連職員の国際性、中立性、不偏性と抵触する恐れがある。また、部族の長としての活動は政治活動とも言える。これらの理由で、人事部は本職員に対して、部族長になることは国連職員の義務に抵触しかねないので受けるべきでない、というアドバイスをした。もちろん、本職員は人事畑の出身でもあったので、このアドバイスは予想していたものであったと思う。ただ、部族の人々と長老たちを説得するためには、自ら断るより国連にそれをしてほしかった、というのがメモを書いた理由であったと思う。

ケース2：国連職員の中立性・普遍性と国連の主要目的に合致した政治活動

状況：私は中学生の頃、マルティン・ルーサー・キング著の「自由

への大いなる歩み」を読んで大変感銘を受けた。この頃から黒人に対する人種差別や不平等に対しては強い憤りを持っていた。アメリカでは 2020 年にミネアポリスで、黒人のジョージ・フロイド氏が警察官に首を膝で抑えられて窒息死したことに端を発し、人種差別に抗議する活動が巻き起こった。ニューヨークでも警察官の暴力と人種差別に抗議するための平和的デモが行われた。国連職員の多くも、週末に行われるデモに参加することを考えていた。私もそうしたいと思っていたが、デモへの参加は国連職員の義務に抵触するだろうかという問題がある。

分析：人事部では、デモや政治的集会に参加することは国連職員の中立性の義務に抵触するので参加は容認しない、という立場を元来取っていた。実際、今回も多くの職員が参加を希望していることを知った倫理パネル（Ethics Panel）は「デモへの参加は、国連職員が自らの信条を公にすることになるので、国連の独立性と不偏的な地位を損なう恐れがある。したがって、そのような行動を慎まなければならない」というガイダンスを表明していた。これに反して、グテーレス事務総長は、「人種差別撤廃は国連の使命である。ガイダンスは職員に人種差別に対して中立的あるいは不偏的であれと強いている訳ではない。むしろ、職員が私人として行動する限り、人種差別に反対し個人的に連帯感を表明する平和的な市民活動に参加することを禁止するものではない」と述べ、「ガイダンスの趣旨は、国際公務員としての適正な判断に基づいて行った私的な活動と職務とのバランスをとる必要を強調しただけである」という書簡を職員に送付した。

　この件は、国連の主要目的に合致した場合の、職員のいわば政治的活動と国連職員の中立性・普遍性の義務の整合性を問われる機会となった。

ケース３：課外活動の禁止、守秘義務、報酬の受領禁止

状況：私は国連の政治局で中東を担当するデスクオフィサーをしている。帰国休暇中に母校の指導教授を訪ねたところ、イスラエルとレバノンの関係について話をしてほしいと頼まれ講演を引き受けた。講演が終わり、大学は謝礼として５万円、お車代として１万円を申し出た。受け取るべきかどうか迷ったが、断るのも失礼にあたると思い受け取った。この行為は国際公務員として正しい行為だったか？

分析：このケースは母校での講演が課外活動の禁止に抵触するかどうか、イスラエルとレバノンの関係についての講演内容が守秘義務違反になるか、また、報酬を受け取ったことが報酬の受領禁止義務に抵触するかの３点が争点になる。

- 許可なく行う課外活動は禁止されているが、事前に許可を取れば、母校で講演することはできる。その際には、講演の内容も含めて許可を取っておくことが望ましい。例として、すでに公になっている事実（たとえば総会へ提出した報告書に含まれている事実）のみを使用して講演する場合は守秘義務に抵触しない。職務上知り得た情報を許可なく第三者に話すことは守秘義務違反と考えられる。

- 国際的任用の専門職員が課外活動に関して報酬を受け取ることは禁止されている。ただし、事前に申請すれば、国連での職務に貢献するような課外活動（たとえば大学で教えることによって、学生の国連への理解を深化させる）などの場合は報酬を受け取る課外活動も許されることがある。さらに、現地採用の一般職員が週末にアルバイトするようなことも許されることがある。

- お車代は職員が大学に来て講演をしたことによって生じた経費の払い戻しと考えることができる。経費の精算は報酬と見なされないので、交通費、ホテル代、食事代の払い戻しや、それらに代わる日当を受け取ることは許されている。講演自体が事前の許可を得ている限り交通費等を受け取ることには問題がない。

このケースは事前に許可を取れば課外活動は可能で、それにかかる経費は受け取っても差し支えないということを示している。

ケース 4：利益の抵触

状況：私は国連の新しいコンピューターシステムを選定する競争入札に、資源調達部の職員として参加することになった。私の妹は某 S 社の ERP[32] 部門に勤めており、この会社を代表して妹も入札に参加すると見られている。私はこのまま入札に参加しても構わないか？

分析：国連は物資、サービスの調達に関し利益抵触が起こらないように多大の努力を費やしている。利益抵触を避けるためには、利益の抵触が起こる可能性を事前に極力排除しておくことが大切である。このケースで言えば、私と妹は各々の世帯を持っており仕事の話などしない関係であったとしても、第三者から見れば姉妹がお互いの利益のために情報を共有するかもしれない、と疑いを持つ可能性がある。私が入札に参加することによって、身内のために国連の利益を損なう可能性、また、公平な競争が行われない可能性があるので、それを前もって排除しておく必要がある。この場合は、妹が関係会社に勤めていて入札に参加することを公

32　ERP は通常企業がその人材、財務、在庫、販売などを統合されたコンピューターシステムを導入し合理的に管理しようとする IT システムである。

表し、私自身は入札に参加しないことが正しい行動である。

ケース5：贈り物の受領禁止

状況：国連の新任研修を終えたばかりの私は、自国の国連代表部大使が主催する、最近入局した職員との親睦を深めるための食事会へ招待された。場所はとても高価なレストランである。私は大使が食事代を払ってくれるのを知っているが、新任研修で贈り物の受領禁止義務を習ったばかりで、高級レストランでご馳走になることが国連職員の贈り物の受領禁止義務に反するのではないかと心配である。

分析：確かに、このケースは贈り物の受領禁止の義務に抵触する恐れがある。しかしながら、職員規則 1.2 (o) に「職員は職務上時々、ミーティング、会議、食事会、外交的レセプションなどの政府主催のイベントに参加することを期待されている。このようなイベントに参加することは、恩恵、贈り物、報酬のいずれにも当たらない」と規定されているので、（高価なレストランではあったが）食事会に参加しても構わない。同じような状況でも、主催者が国連でビジネスを模索している人や法人、国連で就職しようとしている者、あるいは国連で入札に参加するような私企業の場合は、贈り物の受領禁止に抵触する恐れがあることに注意しよう。

V　国際公務員に起こり得る忠誠の抵触

　このように国際公務員の義務を見てくると、国際公務員制度は国家公務員制度とかなり類似していると言える。たとえば、日本の国家公務員は、国民全体の奉仕者（憲法第15条）として、公正に職務を遂行することが要求されているのに対し、国際公務員の場合は、忠誠心、慎重さ、良心を以て職務を行うこと、および機構の利益の

みを思って職務を遂行し、自らの行動を規制することを要求されている。

　私は国家公務員制度の専門家ではないので断言はできないが、唯一の大きな違いは、国際公務員には忠誠の二重性（機構に対する忠誠と母国に対する忠誠）が生じる可能性があるということである。そして、万が一、忠誠の抵触がある場合、機構への忠誠が求められ、それにふさわしい行動が要求されている。

　たとえば、それはこんなふうに表れる。私の管轄する部局に空席があるとする。私は採用担当マネージャーとして選考に携わる。筆記試験と面接の結果、二人の候補者が突出していた。一人は日本人の男性で、もう一人はフランス人の女性としよう。二人とも優秀でほとんど差がないものの、筆記試験も面接もフランス人の方がわずかだけ点数が高かった。この場合、私はどのような行動を取るべきだろうか。

(1) フランスは望ましい職員数の幅の範囲を超えており、日本人は望ましい職員数の幅に達していないので、日本人の数を増やすべく日本人を採用する（次章で見る採用の原則参照）。

(2) フランス人の方が点数が上で、しかも女性であるのでフランス人を取る（現在国連では女性職員を全職員の50％にするべく、女性候補者がすべての資格要件を満たしている場合は、女性を取らなければならないというポリシーがある）。

(3) 私の国連への忠誠と母国への忠誠が抵触するので、この決定には参加しない。

　どちらの候補者を採用するにしても、この場合はどれだけ説得力のある議論を組み立てて自分の決定を正当化できるかにかかっているというのが正解だろう。もし前記の (3) を選択すると、日本人を採用することが国連への忠誠ではなく母国への忠誠となり得る

ことを認めているとも捉えられるため、好ましいとは言えない。誰を採用する場合でも、その決定が正に国連の利益に最もかなっていると議論すれば良いのである。[33]

VI　国際公務員の特権免除

　国際公務員が機構の目的・利益のみに鑑み職務を果たすためには、機構と国際公務員の国際的地位が守られる必要がある。そのために、国連憲章は次のように定めている。

　「この機構は、その目的の達成に必要な特権および免除を各加盟国の領域において享有する。この機構の職員は、この機構に関連する自己の任務を独立に遂行するために必要な特権および免除を享有する」（第105条）。

　この条項に基づいて、国連の特権免除条約[34] では、国連が法人格を有することを明確に言及し（第1条）、機構自体に付与されている特権免除として下記を挙げている（第2条、第3条）。

　　　機構の財産および資産の訴訟手続きからの免除
　　　機構構内の不可侵
　　　文書の不可侵
　　　機構の財産に対する課税免除
　　　通信に関する便益
　また、職員の特権免除については以下のように定めている（第17条、第18条）。
　　　職務遂行に関する訴追免除

33　このような状況において、多くの場合、日本人はストイックである。すでに自分が日本人であるので、部下に日本人を取ると、日本人をひいきしているように見られるのを案じ、日本人を積極的に雇用しない節がある。自分の決定が国連の利益にかなっており、説得力のある議論ができれば、その心配は必要ない。

34　同様に専門機関の特権免除条約も制定されている。

　　給与に対する課税免除
　　服役義務免除
　　為替の便宜
　　出入国に関する便宜

　これらの便宜は国連の利益のために与えられ（「機能的特権免除」
と呼ばれる）、職員個人の一身上の便宜を供与するものではない。
また、職員に与えられている免除が国連の利益を損なわない場合
は、事務総長が免除を放棄できることが規定されている。
　国連の特権免除条約は 1946 年 1 月 13 日に国連総会の決議で承認
されたが、批准書を寄託した加盟国に関しては、その時点で条約の
効力が発生した。加盟国は批准書を寄託する際に特定の条項を適用
しない留保（Reservation）をすることができる。米国は国連特権免
除条約を 1970 年に批准したが、アメリカ国籍と永住権を持つ職員
については給料の非課税や兵役の免除の条項は適用しない留保を
加えた。
　これらの多国間条約のほかに、国連機関はその本部所在地が存在
する国と本部協定を結ぶことがあり、機構・事務局長の能力や機構
とホスト国との関係についてより個別的具体的に規定することが
ある。

第3章　　国連職員の任用

本章では、国連職員の国際的性格が任用においてどういう意味を持つのか見ていくことにする。

I　国連職員の任用原則

国連憲章第101条3項では、「職員の雇用及び勤務条件の決定に当って最も考慮すべきことは、最高水準の能率、能力及び誠実[35]を確保しなければならないことである。職員をなるべく広い地理的基礎に基づいて採用すること[36]の重要性については、妥当な考慮を払わなければならない」と規定している。これは、国連職員の任用には、優秀な人材を確保することが最優先で、国際性はその次に重要だと言っているのである。

最高水準の能率、能力、誠実
(the highest level of efficiency, competence and integrity)

日本では大学や高校の在学中に学生が一斉に就職活動を始め、4月1日の入社式を経て一斉に仕事を開始する。それらの新入社員は一般的に、社内研修や現場での訓練を通じて、必要な知識や技能を身に付けていくことが期待されている。しかし、後述するように、国連の職員は通常修士号と2年の職歴が最低採用資格とされるので、すべての新規採用者は中途採用であり、国連はこれらの職員が即戦力として入局第1日目から国連に貢献することを期待している。そのために、新人職員が最高水準の能率、能力および誠実を持

35　最高水準の能率、能力、誠実を総称して日本では「能力主義」と呼ばれることが多い。
36　これを「地理的配分の原則」という。

っていることが大切である。

　具体的に言えば、「能率（efficiency）」とは、専門性と高い生産性があることを指し、採用時にすでに職務に必要な知識と経験を持って効果的に職務を遂行できる力、一言で言えば即戦力になる資質を指している。これに対して「能力（competence）」は、仕事を成すために必要なスキル（skills）、属性（attributes）、行動（behaviors）からなる個人的な資質を指し、平たく言えば「人となり」を意味する。「誠実（integrity）」は人格の一体性、つまり、個人的利益や政治的圧力に屈せず、国連の価値のみに忠誠を尽くし、常に国連の原則と目的にもとった行動がとれる資質を意味している。これらをまとめてわかりやすく言えば、国連は、仕事ができ、人柄が良く、公平で倫理的で正義感が強い人を求めているのである。

地理的配分（geographical distribution）

　もし、すべての職員がこのようであれば、第二の任用原則、地理的配分は不必要になるはずである。しかしながら、たとえ事務総長や職員の国際的性格、国際的義務、独立性、不偏性、公平性が国連憲章にどんなに強調されていても、そして加盟国が国連職員に影響力を及ぼさないことを憲章上でいかに約束していても、国連の国際性が保証されない恐れを国連創立の際に加盟国が抱いていた。だからこそ、職員が加盟国から広く採用されることの重要性、つまり地理的配分の原則が国連憲章に盛り込まれた。

　国連総会は、前述の国連憲章第 101 条 3 項の地理的配分の原則に基づき、国連の国際性を確保し加盟国の支持を集めるために、加盟国に関して「望ましい地理的水準の幅（Desirable Ranges）」を設立した。望ましい地理的水準の幅は、国連分担金と加盟国の人口（主に国民所得と国民一人当たりの所得等を基準として算出）などを考

慮して決定され、「地理的ポスト」にのみ適用される。地理的ポスト
とは、通常予算に含まれ、少なくとも1年以上継続される専門職の
ポスト[37]のことで、表1を見ると、3,129人の職員がこのようなポス
トに就いている。国連の総職員数は36,827人であるから地理的ポス
トに就いている職員数は全職員数のうち10%以下である。

表1　国連事務局全体に占める日本人職員の数

	全職員数	日本人職員数	日本人職員の占める割合
全職員数	36,827	276*	0.75%
専門職員以上	13,554	224	1.66%
地理的ポストに就いている職員数	3,129	73	2.33%

※内訳　P以上＝224　FS＝2　GS＝50

出典：国連事務局報告 A/76/570

　国連に自国の国籍を持つ職員がいない（unrepresented）加盟国、
望ましい水準の幅に達していない（under-represented）加盟国、お
よび望ましい水準の幅の中位（mid-point）に達していない加盟国か
ら職員を積極的に雇用するために、後に見るように国連はヤング・
プロフェッショナル・プログラム（YPP）という採用競争試験を実
施している。日本はこの試験に毎年招待されている。日本人の国連
事務局ポストに占める割合は、地理的ポストでは2.33%であるが、
すべての専門職員ポスト[38]の中では1.66%を占めるに過ぎなく、全
ポストの中ではさらに下がって0.75%となっている。このことは日

---

[37] P5レベルまでの語学ポストを除く。

[38] 地理的ポストの他には、平和維持活動のポスト、語学ポスト（通訳、翻訳業務など
に携わる職）、プロジェクトポスト等自発的拠出金を資金とするポスト、臨時ポスト
等、さまざまな種類のポストがある。さらに、地理的ポストに採用された後、他の
ポストに動くとその職員は地理的配分ポストに就いているとは考えられなくなる。

本の分担金の貢献に比して、日本人職員数がいかに少ないかを示している。

　表2は、2020年末現在の国連通常予算分担率の上位10か国と望ましい職員数の幅を示している。安全保障理事会の常任理事国である5か国（アメリカ、中国、英国、フランス、ロシア）のうち、ロシア[39]を除いた4か国は分担率の上位を占めている。そのうち、トップのア

表2　国連通常予算分担率上位10か国と望ましい職員数
（2020年12月31日現在）

分担率順位	国名	2022-2024分担率（%）	望ましい職員数の範囲			
			下限	上限	職員数	判定
1	米国	22.000	383	518	362	u
2	中国	15.254	237	321	95	u
3	日本	8.033	153	207	73	u
4	ドイツ	6.111	110	149	151	o
5	英国	4.375	85	114	124	o
6	フランス	4.318	82	111	140	o
7	イタリア	3.189	63	85	130	o
8	カナダ	2.628	53	72	104	o
9	韓国	2.574	46	62	36	u
10	スペイン	2.130	43	59	75	o
1-10	小計	70.612			1,290	
	他国合計	29.388			1,839	
	合計	100			3,129	

u=under-represented、w=within range、o=over-represented

出典：国連（A/76/570）

[39]　ソビエト連邦時代は、ロシア共和国の他に14の共和国が集まりソビエト連邦を形成していた。ソビエト連邦として最後の分担金率は1991年で、9.9%であった。

メリカと中国は望ましい職員数に達していないが、英国とフランスは望ましい職員数の幅を超えている。

Ⅱ　国連専門職員の最低応募資格

国連の専門職員になるための最低応募資格は次の通りである。

教育（Education）

通常国連では修士号が要求される。ただし、国連事務局では学士号が最低必要資格となっている。ここで注意しなくてはならないのは、たとえ最初に国連事務局で採用された時点で修士号が要求されていなくても、次のポストに応募する際には修士号が必要となる場合が多いということである。また、国連事務局以外の国連機関では通常修士号が必要なため、修士号を持っていない場合は採用後に修士号を取得することをお勧めする。その場合、UNESCO が世界中の高等教育の質を保証するために出している適格認定（Accreditation）を付されている教育機関で学位を取ることが大切である。適格認定のない教育機関の学位は国連機関では原則的に学位として認められない。

語学力（Language）

英語もしくは仏語で職務遂行できることが最低限必要で、読む、書く、聞く、話すのすべての分野で流暢（fluent）なレベルでなければならない。また、人前でのプレゼンテーション能力があることも望まれる。

職歴（Work Experience）[40]

ポストに応募するために必要な年数（必ずしもすべてが自分の専門分野でなくてもよい。国連事務局の場合、学士取得後の経験のみが必要な年数に数えられる）。

P2：　2年（学士号しか取得していない場合は4年）

P3：　5年（同7年）

P4：　7年（同9年）

P5：　10年（同12年）

コンピテンシー（Competence）[41]

機構の成功への鍵を握るのは職員という認識[42]から、機構はより良い人材を育むために全職員が持つべき資質を定めている。コンピテンシーとは前述のように技能、属性、行動の組み合わさった資質（Combination of skills, attributes and behaviors）のことを指し、国連事務局では下記の3つのカテゴリーに分けられる。

基本的価値（Core Value）：全職員が持つべき価値

基本的資質（Core Competencies）：ポストによって異なる

管理職としての資質（Managerial Competencies）

基本的な価値は、「プロ意識（Professionalism）」「誠実（Integrity）」

40　国連事務局のヤング・プロフェッショナル・プログラムと語学試験に応募する場合は、職歴は不要。

41　2021年にコンピテンシーに代わりValues & Behaviours Frameworkが導入されたが、詳細な全容は発表されていない。基本的には類似したフレームワークだと思われる。

42　1999年にアナン事務総長は「国連の最大の強み、および成功への鍵は、職員とマネージャーの質であり、この強みを発揮するためには、職員がそれぞれ個人の力を最大限に発揮できるような機構の文化と環境を作らなければならない。そのためには、すべての職員に必須の機構の鍵となる資質（core competencies）とすべての管理職に要求される管理者の資質を定義しなければならない」と述べて、職務遂行の成功に直接的につながるスキル、属性、行動から成る資質を定めた。

「多様性の尊重（Respect for Diversity）」から成り、すべての職員に要求されている。

Professionalism：専門的知識、技術、経験などの職務に必要な能力を発揮し、誇りとコミットメントを持っていかなる状況でも最高の仕事を成し遂げられる能力

Integrity：国連の価値に忠誠を持ちそれに見合った行動を遂行できる能力。私利私欲を捨て、公平、普遍的および誠実な行動ができる能力

Respect for Diversity：性別のみならず、多様な価値や違いを尊重し、さまざまな背景を持った人々から学ぶことによって、共通の価値をクリエイティブに実現する能力

　基本的資質はすべての職員に要求される資質であるが、基本的価値と違うところは、すべてのポストに同じ資質が要求されるのではなく、ポストによって必要な基本的資質が異なっている点である。基本的資質には以下のものがある。

　1．コミュニケーション（Communication）
　　明確で効果的な口頭・記述での表現力、正確な聞く力、応答力と判断力、相手の言うことを聞き相手に応じた表現をすることで相手に理解してもらう能力。

　2．チームワーク（Teamwork）
　　共通の目的に向かって他人と一緒に働くことができる能力。チームファースト、協調性、同僚に学ぶ意欲、責任の共有。

　3．計画と整理能力（Planning & Organizing）
　　職場の長期的ビジョンに基づいて自分の仕事を計画策定し、優先順位を設定し、必要に応じて計画変更する柔軟に対応できる能力。

4．顧客視点（Client Orientation）

　　顧客の視点に立ち、信頼と尊重に基づいた生産的な関係を築くことができる能力。顧客のニーズを理解し最善策を提示できる能力。

5．責任を取る能力（Accountability）

　　職務遂行能力。内部規定を遵守し自分の業務に関して説明責任が取れる能力。

6．創造性（Creativity）

　　職務・サービスの改善のために新たな方法やアイディアを追求する能力。問題の解決や顧客のニーズを満たすために革新的な解決策を講じられる能力。

7．継続学習への意欲（Commitment to Continuous Learning）

　　自らの能力の向上と新たな技能を習得するために継続的に学習する意欲を持っていること。

8．新技術への理解（Technological Awareness）

　　職務に有用な技術の理解と使用。新技術習得への意欲。

管理職にはさらに次のような6つの資質が定義されているが、このうちいくつかの資質がポストごとに要求される。

1．リーダーシップ（Leadership）

　　職員の手本（ロールモデル）となり、良好な関係を築き広く支持を集められること。また、難しい決断や変革を実行する能力も併せ持つ。

2．展望（Vision）

　　機構の方向性を理解し将来の展望を持つ。職員の日々の業務がどう国連の目的に結び付くか説明でき、人々が機構の将来について肯定的な意見を持つことを導く能力。

3．判断力・決断力（Judgment/Decision-making）

　　情報収集に基づいた的確な決断力・判断力。
４．エンパワーメント（Empowering Others）
　　部下を信頼し仕事を任せるが、仕事の達成目的を明確にし、最終的な責任は自分で取る覚悟があること。すべての職員の意見および専門性を尊重し、各自の貢献を評価する能力。
５．信頼構築（Building Trust）
　　チームの内外で良好な信頼関係を築き職員が誇りに思うようなチームを築く能力。職員が率直に意見を交換でき、それぞれの意見が尊重されていると思える環境を作る能力。
６．勤務管理（Managing Performance）
　　職員の勤務評定を行い、勤務状況、将来のキャリアプラン、習得するべき課題等について職員と話し合うことができる。

Ⅲ　国際公務員になるための有利な要素

　前記した最低の要件・応募資格（Eligibility）は第一段階のスクリーニング（書類審査）を通るためのものであるが、次の段階では、採用担当マネージャーが、書類審査に合格した候補者がどの程度ポストが要求している要件に適合しているかという適合性（Suitability）を判断する。以下の資格・経験を持っている場合、その際に有利になる。

・　ポストに関する直接的な専門分野（少なくとも修士号）とその分野での職務経験。前述のように、国連関連機関では修士号を持っていることを最低要件にする場合が多いが、実際はポストに関連する職歴の方が学歴より重きを置かれることが多い。候補者はいかに自分が応募しているポストのプロファイルに近いかを採用マネージャーにアピールすることが大切なのだが、その場合、ポストの職務と近い経験があればがぜん

有利となる。

- 第二外国語（２つ目の公用語あるいはポストに必要な言語）ができれば非常に有利になる。たとえば、西アフリカが勤務地であればフランス語は必須であり、ラテンアメリカの場合はスペイン語あるいはポルトガル語が有用である。英仏の２つの公用語ができれば、どの勤務地でも重宝される。

- もし候補者が開発、人道、あるいは平和活動のポストに応募している場合、多くの職種にはフィールド経験があれば圧倒的に有利になる。というのは、これらの分野ではディープフィールドと呼ばれるインフラの整っていない僻地で働くことも多く、そのような土地での経験があれば、職務を遂行する上で候補者が困難地で生きていけるという証拠になるからである。私の知り合いは中央アフリカのバンギで働いた経験があり、その経験のゆえにどんなフィールドポストに応募しても少なくとも面接まではこぎつけると言っていた。

- あれば重宝される経験というものもある。たとえば、プロジェクトマネジメントの知識や経験はさまざまな職種で生かすことができ、PRINCE 2などの資格があれば重宝されるだろう。また、行政的な職務、たとえば人事や予算などの仕事は、部署を問わず必要とされるものであるが、その煩雑さゆえに敬遠されることが多い。マネージャーにとってはそのような職種の経験を持つスタッフは重宝される。さらに、最近は人道や開発といった伝統的に資金が集めやすい分野でも予算を取るのが厳しくなっているので、ファンドレイジングの経験を持つ候補者は魅力的だろう。

Ⅳ　国連専門職員の採用方法

空席公募

　国連の職員採用方法は多々あるが、空席公募による採用が最も一般的である。

　空席公募は、競争的・個別的・随時行われる採用で、すべて中途採用である。前述のように、候補者は選ばれるためには自分がその職に最も適任であることをアピールする必要があるので、自分の学歴、職歴、さまざまな経験がいかに応募しているポストに適合しており、自分がそのポストに最初から貢献できるか、ということを応募書類と面接で示す必要がある。

　専門職員の空席は職員の退職、転任、転出、あるいは新設によってポストに欠員が生じた場合に国際的に公募される。それぞれの機関が個別にウェブサイトに空席情報を掲載しているが、ICAOやISAは、国連事務局のインスピラというシステムを使っているので、事務局の空席情報と同じウェブサイト：https://careers.un.org で調べることができる。

　また国際人事委員会 (International Civil Service Commission) は国連機関および専門機関の空席公募をまとめて、https://jobs.unicsc.org/ というサイトに掲載している。これは複数の機関の職種の空席をレベルごとにサーチできるので便利であるが、各機関のポストの名称が統一されていないために若干の慣れと想像力が必要である。たとえば人事官として働きたい場合、Human Resources Officer、Personnel Officer、Human Resources Specialist というような名称が使われているので、それぞれを別々にサーチする必要がある。

　応募は大抵の場合、オンラインである。それぞれの機関のシステムの互換性がないため、複数の機関に応募する場合は、それぞれ自

分の履歴書を作成する必要がある。マイクロソフトのWordでドラフトを作っておけば、切り貼りできるので便利であるが、ポストの要件はポストごとに異なっているので、ただ単に切り貼りするのではなく、それぞれのポストに合うように応募書類を準備することが肝要である。

　ここで留意してほしいのは、すべての公募ポジションが本当に空席であるわけではないということである。国連事務局では、新鮮な人材を外部から補充する必要があることに考慮しつつも、国連内部の候補者を優先的に考慮することを定めている（職員規則4.4）。国連事務局では3か月以上空席が継続しているポストはすべて競争的に採用をしなければならないので、内部に有力な候補者がいる場合でもポスト自体は公募される。この場合、内部の有力な候補者が選ばれることが必至で、外部の候補者はいかに空席に見合う資格を持っていても、内部候補者を差し置いて採用されることは稀である。

　国連では候補者の親兄弟姉妹がすでに職員の場合は同じ機関に採用できない（職員細則4.7 (a)）。しかしながら、国連機関であっても人事権が独立した機関であれば（たとえば、UNDPやUNICEF）採用は可能なので、他機関の空席に応募することはできる。配偶者の場合は、基本的には同じラインの上下関係になければ、応募および採用することができる。

空席公募による採用のプロセス

　候補者は自分の専門、経歴、興味に見合ったポストが見つかったらオンラインで応募書類（Application Form、Personal History Form等と呼ばれる書類）、カバーレター（Cover Letter）あるいは志望動機書（Motivational Statements）などを作成し提出する。空席公募は応募期限が来るとホームページから削除されるので、空席案内は応

募時に必ず印刷するか、あるいは自分のコンピューターに保存しておくことが大切である。面接の準備をする際に、空席案内と自分の応募書類を読み返し、必要なコンピテンシーの例を考えておくために空席案内は最も大切な資料となる。

　空席応募期限が過ぎると、機関は候補者の学歴・職歴・語学力が応募資格要件（eligibility）を満たしているかを確認する書類審査を行うが、これはITツールと職員による選考が普通である。第一次審査にITツールを使う場合は、候補者は必ずポストの最低要件を満たしていることをコンピューターが認識することが必要である。国連事務局の場合、英語・仏語の公用語はすべての項目（speak、read、write、understand）で"fluent"を選択しなければならない。また、応募書類の職歴にポストが必要としている要件に関連するキーワードを入れておくのが望ましい。そうすることで、採用マネージャーや人事部がコンピューターを使ったサーチをしたときに、書類審査を通りやすい。たとえば、もしポストがSDGsに関するプロジェクトに関わったことを要件としていたら、「私は、SDGsに貢献し貧困を撲滅するための一環として、xxxx国でのyyyyプロジェクトの計画書を作成した」などと書くと良い。コンピューターによるスクリーニングは、応募者が多数の場合、応募者の資格要件が最低水準を満たしているかどうかを効率的に確認するために行われる。

　採用担当マネージャーは、最初のスクリーニングに通った応募者のポストへの適合性（suitability）を判断するために、筆記試験と面接を行うことが多い。筆記試験は、応募者数が書類審査で十分に絞りきれなかった場合、あるいは、応募者の専門分野、経験などを精査するために行われる。筆記試験では候補者の数を面接に呼べるだけの人数（通常は3〜8人程度）に絞ることを目的としている。筆記試験は、マルティプルチョイスもあるが、何らかのエッセイを書

かされることが多い。たとえば、私は人事官のポストの筆記試験で「新しいコンピューターシステムを使って、人事の効率化が可能な分野を挙げ、それをどう達成するか述べよ」というエッセイ問題を出題したり、職員規則の最低限の知識を見るために、「教育補助金の要件（eigibility）を述べよ」といった問題を課したことがある。

このように筆記試験で候補者の数を絞ったら、採用担当マネージャーと面接パネルは応募者を面接に呼ぶこととなる。国連事務局およびほかの多くの機関で、面接は応募者が国連の定めるコンピテンシーを持っているかを判断するCBI（Competency-based interview）で行われる。採用担当マネージャーは面接完了後、すべての要件を満たす候補者を一人から三人ぐらい選び、採用候補者リストを作成する。この後、国連事務局の場合は、中央審査機関（Central Review Bodies）が採用プロセスの公平性に関して審査し、問題がなければ局長（Head of Department）あるいは部長（Director）が採用候補者の中から最もふさわしい採用者を決定する[43]。採用候補者リストに載ったものの採用されなかった人は採用候補者のロースターに含まれることになる。ロースターに載った候補者は応募したポストへの適合性が確認されているので、類似のポストが公募された場合、新たなポストに採用審査を経ずに選ばれる資格があることになる。

局長・部長が採用者を決定すると、いよいよ機構は任官手続きを開始する。空席公募締め切りからここまでに早くて大体3か月ぐらいはかかる。

---

[43] 女性職員の比率を50%にしようという努力をしているので、その目標が達成できていない部局では、女性候補が男性候補と少なくとも同じ適合性がある場合は女性候補を採用しなければならない。

平和維持活動関係ポストの空席公募

　国連の平和維持活動関係のポストも空席公募によって採用されるが、平和維持活動の場合には、より迅速な採用が必要とされるので、それを考慮した二段階の選考過程を採用している。平和維持活動では職種とレベルごとに複数のポストを統合した汎用の空席案内（Generic job openings：たとえばP2 Human Resources Officer）が作成され、候補者はそれに応募する。応募者はポストの最低資格を満たすかどうかの審査のために筆記試験とインタビューを受ける。その審査に合格した人はロースターに登録され、ロースターに登録された候補者のみが個別のポストに応募することができるという仕組みになっている。複数の似たポストの要件を統一し、審査を前倒しすることによって個々のポストへの採用を効率的かつ迅速にすることができる。

国連ヤング・プロフェッショナル・プログラム（YPP）

　YPPは国連が若手の優秀な候補者を競争試験で選抜し、職員として育成するプログラムである。試験は年に1回実施され、試験分野は年によって異なる。書類審査に合格した人は筆記試験に招待され、さらにそれにパスすれば面接に呼ばれる。面接に合格した人は3年期限のロースターに載り、その間に採用が決まらなければロースターから外されるが、大抵の場合はこの間に採用される。

　応募資格は招待された国の国民であること、試験が行われる年の12月31日時点で32歳以下であること、英語または仏語で職務が遂行できること、少なくとも試験分野に関係する学士号を取得済みであることである。

　YPPの試験分野は毎年異なり、どの分野の試験が近い将来行われ

るか、あるいは、いつ行われるかは発表されない。したがって、うまくいけば試験を受けられるぐらいに思っていた方が良いかもしれない。筆記試験には第一段階と第二段階とがあり、第一段階では2時間のマルティプルチョイスで合理的思考、コンピテンシーなどに係る質問と試験分野での専門的な質問が出される。第二段階は、専門分野でのエッセイテストで、時間は2時間から2時間半である。この専門分野の試験は、大学院修士課程程度の知識を問うものであり、しっかり自分の専門分野の知識を身に付け、短時間に英語で答えを書く英語力（または仏語力）があれば、合格の可能性は高いと思う。

　YPP試験の形式は改定されることもあるので、詳しくは、国連のYPP Home Page を参照のこと。
（https://careers.un.org/lbw/home.aspx?viewtype=NCES&lang=en-US）

　国連事務局以外でも、OECD、世銀、FAO などで競争試験を行っている。

JPO (Junior Professional Officer) 派遣制度

　JPO は国際機関に勤務を希望する若手邦人を、日本国政府の経費負担により原則2年間国際機関に派遣して、勤務経験を積む機会を提供することにより正規職員への途を開くことを目的とした制度である。

　この制度は、国際機関の側にとっても、自己資金に頼らずに良い人材を確保でき、JPO の任期中に機関にとって好ましい人材を事前に選別することができるので極めて有用である。特にコロナ禍で自発的拠出金の額が減少傾向にある中ではより魅力的である。また、派遣されるJPOにとっては2年間国際機関で経験を積むことがで

き、機関で働く他の職員に「知られる」ことによって、採用に有利に働く。さらに、派遣国である日本国政府にとっては、日本人職員を増やす良い仕組みであると言えよう。

応募資格は日本国籍を有し、35歳以下であること、英語で職務遂行ができること、修士号と2年の職歴があり、将来にわたって国際機関に貢献したいという意思を持っていることである。選考は1年に1回で、英文と和文の応募書類を提出し、筆記試験と面接によって選考がなされる。

詳しくは外務省国際機関人事センターJPOホームページ参照（https://www.mofa-irc.go.jp/jpo/）。

臨時職員の採用

繁忙期、産休職員の代用、ミッションに出ている職員の代用などの短期的な必要性を満たすために国連は臨時職員を雇用することがある。3か月以上空席（予定）のポストは少なくとも内部では公募される。その場合、外部の人間も応募することができる。

臨時雇用の期間は364日までだが、例外的に729日まで延長できる。採用プロセスは通常の期限付き任用の採用に比べ簡便であり、面接だけで部局長によって採用が決定されることも多い。このタイプの採用は、国連機関の職務や働き方に慣れ、自分の存在を知ってもらうためには非常に有用である。ただ、問題は身分が不安定で、継続的に契約を結ぶことができない。上記の契約期間の制限のほかに、専門職員の場合は契約の終了から少なくとも6か月は正規ポストに応募ができないことになっている。また、臨時職員は同じ任地の場合は少なくとも3か月、違う勤務地の場合は少なくとも1か月の間を置かない限り再雇用できない。

Ⅴ　国連の「ノンスタッフ」とその採用

コンサルタントとコントラクター

　国連は職員のほかに、繁忙期や一時的な空席を埋めるため、あるいは、国連にはない専門性やスキルを確保するために「ノンスタッフ（コンサルタントや個人契約のコントラクター）」と呼ばれるサービスを調達する契約を結ぶことがあることは第 2 章で述べた。採用形式としてはサービスの調達という形を取るが、サービスを提供するのは人材なので、コンサルタントやコントラクターの地位で国連に入ってから仕事ぶりが認められ、職員への道が開かれることも多々ある。

　どちらも書類審査と面接などの競争的な方法で選考され、採用は通常部局の長が決定するので短期間で採用手続きが完了する。国連事務局の場合は、コンサルタントもコントラクターも業務契約終了後少なくとも 6 か月間は国連の専門職員のポストに応募することができない（ただし他機関の場合はこの制限がないことが多い）。また職種によってはコンサルタントのロースターが使われることもある。

UNV ボランティアとユースボランティア

　国連では国連ボランティア計画から派遣される国連ボランティアと国連ユースボランティアも働いている。

国連ボランティア

　2021 年には 10,921 人の国連ボランティアが採用され、そのうち、UNDP には 3,308 人、国連の平和維持活動には 1,996 人、UNICEF には 1,198 人、UNHCR には 981 人、UNFPA には 541 人派遣された（詳しい統計は、UNV 年次報告、https://www.unv.org/annual-report/

annual-report-2021 参照)。国連が何かの形で支援に入った国（たとえば旧ユーゴスラビアの諸国）の現地職員がその後UNVボランティアとなって他国（たとえばスーダン）で働き、さらにその経験をもとに正規の国連職員になることも多い。彼らは往々にして高学歴で、その経験の豊富さゆえに頼れる人材であるので、責任のある仕事についている人を多く見かけた。[44] 国連ボランティアにはYPPやJPOのような年齢制限の上限がなく、平和維持、人道、人権、難民関係の職に興味がある人、およびいわゆる事務系のバックオフィスを専門にする人が国連に入る方法としては有用であると思う。

　国連ボランティアの応募資格は、学士号を取得していること、2年の専門的な職歴があり、25歳以上であること、英語、仏語、アラビア語、またはスペイン語ができること、ボランティアの精神に共感し献身できること、短期赴任（6か月から12か月）ができること、困難地で働くことができることである（詳しくはhttps://www.unv.org参照）。

　国連ボランティアの待遇は国連職員と異なり給与は支払われないが、生活費（Living Expense）が支払われる。UNVホームページによると、金額は派遣地域や家族構成によって異なるが、住居費を含めて月額およそ2,000米ドルで、そのほかに渡航費用（採用時の居住地から赴任地までの最短ルートのエコノミークラス）などが支払われる。決して高給ではないが、現地で生活していくのにはこの支給額で十分な地域がほとんどだろう。国連ボランティアは家族の帯同も認められており、その場合生活費は増額されるが、ノンファミリー任務地に派遣される場合は家族は帯同できない。

　さらにUNVはオンラインのボランティア活動も行っており、さ

---

[44]　たとえばコソボでは、現地での低給与や就職難ゆえに、医師や大学講師が現地採用の国連ボランティアとなって働いている例を見た。

まざまな人たち(専門家、学生、主婦、退職者、障害者)がインターネットを通じて、また自分の都合の良い時間を使ってパートタイムで、平和と持続的開発に貢献するボランティア活動に参加している。

国連ユースボランティア

　国連ボランティア計画は日本の7つの大学(関西学院大学、明治学院大学、明治大学、東洋大学、立教大学、大阪大学、筑波大学、国際教養大学)から選出された大学生を毎年17名、国連ユースボランティアとして派遣している。ユースボランティアは開発途上国の国連事務所に派遣され、以下のような活動を通じて教育、保健衛生、環境、ジェンダー、貧困削減など持続可能な開発目標(SDGs)達成に貢献することを目指している(詳しくは https://unv.or.jp/unvjp/unv-youth/ を参照)。

(1)　ユースプログラム支援(イベントの企画、立案、運営補助、関係者との打ち合わせ、議事録作成、調整業務)

(2)　ナレッジマネジメント(各種統計データのまとめと管理、データベースの作成と運用管理)

(3)　コミュニケーション(動画・画像編集、Web サイト構築・運営、広報媒体の情報収集、ニュースレターの作成、フォトギャラリー管理)

(4)　プログラムアシスタント(社会調査の実施と分析補助、定期報告書の作成補助、プロジェクト関係者との打ち合わせ)

　派遣期間は6か月から24か月だが、通常約5か月間である。国連ボランティア同様、給与は支払われないが、生活費、渡航費とその他の手当は支給される。

　ユースボランティアの応募資格は、年齢18歳から29歳で、世界平和と開発にコミットしており、モチベーションと熱意があり、新

しい文化や環境に適応力がある前述大学の学生であることである。職歴は必要ないが、すでにボランティア活動やコミュニティー活動の経験があれば有利である。学生の選考には大学による学内選考と国連ボランティア計画による二段階の選考がある。

インターンシップ

　国際機関での経験を提供するために、多くの国連機関ではインターンシップのプログラムを持っている。国連事務局では、旅費、保険、宿泊費、生活費はすべて自費だが、最近は有給のインターンシップを持つ機関も多くなった（UNDP、UNICEF、ILO、IAEA、WIPO、IFAD、FAO、OECD、世銀など）。インターンは所属する教育機関が認める限り、インターンシップを学位取得のための単位とすることができ、国際機関で働く機会が得られる。さらに、インターン時代の働きぶりが気に入られて職員として採用されることもある。[45] インターンシップの期間はさまざまだが、通常2か月から6か月である。またコロナ禍の期間中は、ほとんどのインターンシップはオンラインで行われており、対面ではないためインターンシップの魅力が半減しているかもしれない。

　ちなみに、国連事務局でのインターンの応募資格は、修士課程または博士課程に在籍している、あるいは、学部の最後の学年であること、もしくはすでに卒業している場合は、学士、修士、博士号取得から1年以内にインターンシップを始められること、英語か仏語に堪能であること、両親や兄弟姉妹が国連事務局の職員でないことである。

---

[45] インターンシップから直接雇用につながるケースは少ないが、もし、インターンが後にJPOやYPPに受かれば、即座に所属が決まりポストがオファーされることも多い。

　インターンシップには日本の「トビタテ！」奨学金を利用できる可能性がある。外務省国際機関人事センターのサイト（https://www.mofa-irc.go.jp/shikaku/keiken.html）にはさまざまなインターンシップの情報があるので、興味のある人は調べてみると良い。

VI　さまざまな採用形態の長所と短所

　本章で見たさまざまな国連の採用形態の長所と短所を表 3 にまとめた。国際機関を目指す人は、自分の専門、キャリア、年齢等に鑑みてどの方法で国連に入るのがよいか、吟味してほしい。そうすればおのずと、自分には何が足りないか、今何を成し遂げるべきかがわかってくると思う。

VII　採用決定から赴任までのプロセス

　ここで採用が決定されてから赴任までのプロセスを見ておこう。
　国連事務局の場合、それぞれの部局長が、インスピラというコンピューターシステムの画面上で選ばれた候補者名をクリックすることで、採用が最終決定する。その後当該候補者に、ポストに選ばれた旨が通知される。同時に、選ばれた候補者の学歴と職歴の確認と人物調査が開始される。学歴は候補者が応募書類に書いた学歴の確認を大学・大学院に問い合わせ、出身教育機関が認定されているかどうか（accredited）を UNESCO のリストに照らし合わせる。もし出身教育機関が UNESCO のリストになければ、その教育機関が存在する国の外務省を通じて学位の正統性とレベルが確認される。職歴については、過去 10 年の職歴が応募書類の通りであるかを、応募書類に記載された組織において直属の上司であった人物に連絡を取ることで確認する。また、人物調査も候補者が推薦人としてリストした人に手紙あるいはメールで問い合わせる。少なくとも学

表3　さまざまな採用形態の長所と短所

採用形態	長所	短所
空席公募 （国連事務局）	正規雇用である	公募ポジションの専門に特化している すでに「知られている」必要がある 競争が激しい 採用に時間がかかる
空席公募 （PKO）	ポスト数が多い 国連の主要目的である平和維持活動に直接に関わることができる	厳しい任地での単身赴任が多い 二段階の選考過程 PKOに埋もれてしまう可能性がある
YPP	正規雇用 学士号のみで良い 職歴なしでも良い	試験が難しい 試験分野が限られている 年齢制限がある
JPO	国連の職歴として数えられる 派遣機関の選択肢が広く、外務省が機関と交渉してくれることが多い 良くも悪くも競争相手は日本人	必ずしも希望の機関・任地にならない 新たにポストに応募しなければならない（正規職員になれないことがある） 年齢制限がある
UNV	年齢制限の上限がない 学士号のみでよい 国連の職歴として数えられる	短期採用（6か月から24か月） 生活費と渡航費は支払われるが、給与は支払われない 厳しい任務地への派遣が多い
臨時雇用	採用プロセスが簡便で早い 競争が少ない 「入るが勝ち」	身分が不安定（最長で729日） 新たにポストに応募して採用されなければ正規雇用にはなれない 再雇用と正規雇用に関して制限がある場合がある

歴と職歴が確認できた時点で、候補者にはジョブオファーが送られる。

　オファーには等級、任期、勤務地、勤務条件などが明記されており、問題がなければ候補者はオファーレターに署名して返送する。

　その後、候補者は指定の医療機関で健康診断を受け診断書を国連に送付する。先に述べたバックグラウンドチェックと健康状態に問題がなければ、国連は候補者にオファーの確認書を送付する。候補者がその確認書にサインして送り返すと、赴任日の決定と旅行手続きに入ることになる。国連職員には、任地のある国から査証が交付される必要があるので、人事はその支援も行う。時に、査証が交付されるまで時間がかかり過ぎたり、査証が下りないこともある。国連は職員に査証が交付されるようにさまざまな努力をするが、査証を発行するかどうかは究極的には任地のある国の判断となる。

　査証が交付された時点で、候補者は赴任に向けての準備に入ることになる。国連側としては、一旦採用を決めると可能な限り速やかに赴任してほしいと言うが、準備に必要な時間は十分にとって差し支えない。採用が決まってから赴任まで2〜3か月かかることも珍しくない。

第4章　国連職員の給与と待遇

　本章では国際公務員の国際性を確保するために、待遇および給与がどのように定められているか考察したい。

Ⅰ　職員のカテゴリーと給与体系の原則

　国連憲章第101条2項は、「職員の雇用および勤務条件の決定に当って最も考慮すべきことは、最高水準の能率、能力および誠実（The highest standards of efficiency, competence and integrity）を確保しなければならないことである」と規定している。最高水準の能率、能力および誠実を保持する人材を確保するための給与体系と勤務条件は、すでに国連の前身である国際連盟によって確立されていたが、国連はそれを継承し発展させてきた。

専門職員の給与とノーブルマイヤー原則

　国際機関の職員には専門職と一般職があることはすでに述べたが、これは国際連盟でも同様であった。前に述べたように、専門職員は高度な論理的思考、コミュニケーション能力、専門的知識や経験を生かして業務にあたる職員および管理職からなっていた。このような専門職員に必要な技術と専門性を持っている人は、必ずしも世界中のすべての任地に存在していなかった。そうだとすれば、専門職の人材は他の場所から採用し国際連盟の任地に連れてくる必要があった。したがって、専門職員は「国際的」に採用された。国際公務員と国家公務員の職務の類似性から、国際公務員は加盟国の国家公務員から採用されることが多かった。優秀な人材を世界中から集めるためには、最も給与が高い加盟国（連盟時代はイギリス）の

国家公務員にも魅力的でなければならない。国際連盟の給与レベル
を決定する委員会は、専門職の給与体系は世界中で最も高い給与水
準国の公務員体系を基礎にすべきであるという原則を定めた。この
原則は委員会の委員長を務めていたフランス人のノーブルマイヤ
ー氏の名前をとってノーブルマイヤー原則と呼ばれる。

　ノーブルマイヤー原則は国連にも引き継がれた。先にも述べたよ
うに、連盟時代はイギリス公務員が世界で一番高い給与水準にあっ
たが、国連が設立される頃にはアメリカ連邦政府職員が最高水準の
給与を支給されていたので、国連の専門職員の給与はアメリカ連邦
政府職員と比較して国際人事委員会が算定するようになった。

　後で詳しく見ていくが、国連職員は物価水準の異なる任地に派遣
されることから、どこに赴任しても同じ購買力が補償されるように
物価調整給が定められている。また、海外勤務に伴う経費、脆弱な
インフラや不安定な治安状況に伴う日常生活での不自由を補填す
るような補助金や手当も支給されている。

一般職員の給与とフレミング原則

　一般職は、国際連盟時代も、専門職員の下で一般事務あるいはサ
ポート業務を担当する職種で、たとえば秘書、運転手、警備官、語
学教師、広報助手などが含まれていた。このような技術と専門性を
持つ人材は国際機関の事務所があるそれぞれの任務地で見つけら
れると見なされ、一般職員は「現地」で採用できると考えられた。彼
らの給与はそれぞれの国連所在地で同様の職種とレベルで支払わ
れている最高水準の給与（best prevailing local rates）と同等と定め
られた。これを一般職員の給与を定めた専門家委員会の委員長の名
をとって、フレミング原則と言う。

　フレミング原則は国連設立後も踏襲され、一般職給与は、国連と

世界保健機関（WHO）が国際人事委員会の委託を受け、職種、レベル、勤務地ごとに、現地での給与が一番高い民間企業・大使館などの給与を調査し算定する。一般職員の他の手当（扶養者手当や言語手当）も現地の慣行に準ずる。

Ⅱ　専門職員の待遇とそれを決定する要素

専門職員の待遇

　専門職員の基本給は、最高水準の能率、能力、誠実を保証するためであり、幅広く優秀な人材を確保し保持するために世界で一番給与体系が高い国の国家公務員の待遇を基礎に定められていることは先で述べた。専門職員の待遇は基本給のほかに、いずれの任務地で勤務するにせよ基本給の購買力を平準化するために支払われる地域調整給（Post Adjustment）とさまざまな諸手当・補助金、並びに国連職員に共通の金銭以外のベネフィットからなる。したがって、一人ひとりの給与を決定するのはさまざまな要素が絡み合っており、資格要件（Eligibility）も複雑である。国連職員の待遇　（給与、手当、補助金、ベネフィット）の概要を以下に簡便にまとめたが、すべての受給資格要件および支払条件などを詳細に記載しているものではないことを留意されたい。

　まず、専門職員の待遇を決める要素を簡単に見ておきたい。
　１．職種（専門職）：給与表（表４）の種類が決まる
　２．等級（レベル・ステップ）：給与表の縦軸がレベル（P1から USG）、横軸がステップで、交わるところがその等級の総給与と純給与を示している
　３．婚姻の有無/形態および扶養家族の数：扶養手当
　４．任用の種類（国際的採用あるいは現地採用）：海外勤務関係手

表 4　専門職員の給与表

Salary scale for the Professional and higher categories showing annual gross salaries and net equivalents after application of staff assessment

Effective 1 January 2021

(United States dollars)

Level		I	II	III	IV	V	VI	VII	VIII	IX	X	XI	XII	XIII
USG	Gross	205 264												
	Net	150 974												
ASG	Gross	186 323												
	Net	138 473												
			*	*	*	*	*	*	*	*	*			
D-2	Gross	148 744	152 092	155 517	158 944	162 371	165 798	169 221	172 650	176 074	179 498			
	Net	113 621	115 881	118 141	120 403	122 665	124 927	127 186	129 449	131 709	133 969			
						*	*	*	*	*	*	*	*	*
D-1	Gross	133 164	136 000	138 840	141 679	144 507	147 347	150 194	153 198	156 211	159 217	162 224	165 229	168 239
	Net	102 715	104 700	106 688	108 675	110 655	112 643	114 628	116 611	118 599	120 583	122 568	124 551	126 538
									*	*	*	*	*	*
P-5	Gross	114 767	117 181	119 596	122 006	124 420	126 831	129 247	131 659	134 071	136 483	138 897	141 306	143 723
	Net	89 837	91 527	93 217	94 904	96 594	98 282	99 973	101 661	103 350	105 038	106 728	108 414	110 106
									*	*	*	*	*	*
P-4	Gross	93 964	96 109	98 254	100 433	102 760	105 089	107 420	109 749	112 076	114 401	116 734	119 057	121 386
	Net	74 913	76 543	78 173	79 803	81 432	83 062	84 694	86 324	87 953	89 581	91 214	92 840	94 470
									*	*	*	*	*	*
P-3	Gross	77 132	79 117	81 103	83 086	85 072	87 055	89 039	91 028	93 011	94 995	96 984	98 968	101 036
	Net	62 120	63 629	65 138	66 645	68 155	69 662	71 170	72 681	74 188	75 696	77 208	78 716	80 225
									*	*	*	*	*	*
P-2	Gross	59 612	61 387	63 161	64 936	66 713	68 491	70 268	72 038	73 816	75 589	77 366	79 143	80 917
	Net	48 805	50 154	51 502	52 851	54 202	55 553	56 904	58 249	59 600	60 948	62 298	63 649	64 997
									*	*	*	*	*	*
P-1	Gross	45 990	47 370	48 749	50 142	51 647	53 157	54 662	56 170	57 676	59 184	60 689	62 196	63 703
	Net	38 172	39 317	40 462	41 608	42 752	43 899	45 043	46 189	47 334	48 480	49 624	50 769	51 914

Abbreviations: ASG, Assistant Secretary-General; and USG, Under-Secretary-General.

*　Step increment periodicity is two years.

　　当の有無が決まる

　　　　赴任関係手当（旅費、旅行経費、引越手当等）

　　　　国際的任用関係（教育補助金、帰国休暇等）

　　　　勤務地関係（物価調整手当、住宅補助金等）

　5．国連任務の性格からくる手当

　　　　移動の奨励（移動奨励金）

　　　　危険あるいは困難な任地での勤務（危険手当、困難地手当）

　　このほかに、専門職員と一般職員に共通の福利厚生関係のベネフ

ィットもあるが、これらの中には任用の種類と期間で受給資格が変わるものもある。これについては後で詳しく見る。

Ⅲ　専門職員の給与体系と各種手当・補助金[46]

給与体系

基本給（Base Salary）

　基本給は総給与（Gross Salary）から後述するスタッフアセスメントを引いたものが純給与（Net Salary）―つまり、手取りの給与―として支払われる。専門職員とフィールド職員の給与表は全世界共通であるが、この2つは別の給与表である。また、ナショナル・プロフェッショナル・オフィサー（現地採用専門職）は専門職員であるが、前にも述べたように現地採用なので、現地採用の一般職員と同様に勤務地ごとに給与表が定められている。

　職員は過去1年の勤務評定と行い（Conduct）が満足（Satisfactory）であれば、毎年の昇級がある。ただし、給与表に＊がついている級への昇級は2年に1回である。

スタッフアセスメント（Staff Assessment）

　スタッフアセスメントは言わば国連内部での課税であり、加盟国に対して職員分の所得税を払うために使われる。多くの加盟国内において国連職員の給料は国連の特権免除条約によって、加盟国が課す所得税を免除されている。しかし、アメリカ連邦政府はアメリカ

46　国連機関のウェブサイトには給料のシミュレーションができるツールを掲載しているところも多いが、一番使い勝手が良いのは下記のUNDPのものである。国連で働きたい読者は、このツールを使って国連の給料が自分の期待に合致するかどうか計算してみると良いと思う。
　　　https://info.undp.org/gssu/onlinetools/SalCalcInt/SalCalcInt.aspx

人職員とアメリカの永住権を有する職員には所得税を免除しない留保を国連の特権免除条約に付けたので、彼らは税金を支払う義務を負っている。アメリカ人と永住権を保持する職員だけが所得税を支払うのは公平性に欠くので、国連はアメリカ人職員と永住権を保持する職員が支払う所得税を払い戻している。しかし、今度はアメリカ政府に対してのみ国連が職員の所得税の支払いを肩代わりすることになって、他の加盟国に対して不公平である。そこで、国連はスタッフアセスメントという方式を採用し、各加盟国にその国の職員数に応じた税金を国連分担金から減額することで払い戻している。税率は国連の8つの主要な事務所[47]が所在する加盟国の税率をベースに算定されている。

地域調整給（Post Adjustment）

　国連の勤務地は世界中にあるが、それぞれの土地で物価は異なっており、職員が同じ生活水準を維持することができるように、給料の購買力を平準化する地域調整給が支払われる。物価調整給は毎月変わり、各勤務地で物価を調査し、ある時点のニューヨークの物価を100としたときの各地の物価をパーセントで表す。たとえば、2022年の10月1日現在、東京の地域調整乗数は44.1でニューヨークは73.8である。基本給にこの乗数をかけて地域調整給を算出する。

福利厚生関係の手当：扶養者手当

　扶養家族の有無によって4種類の扶養手当がある。

47　ニューヨーク、ジュネーブ、ウィーン、バンコク、ベイルート、アディスアベバ、サンチアゴ、ナイロビ

扶養配偶者手当（Dependency Spouse Allowance）

配偶者の収入がニューヨークの一般職員G2 ステップ1を超えない場合（2022年の上限は46,231ドル）は、扶養配偶者手当として純給与と地域調整給の合計の6％が支払われる。

シングルペアレント手当（Single Parent Allowance）

扶養配偶者がいない場合、第一子について前記の扶養配偶者手当と同額が支払われる。

子供手当（Child Allowance）

扶養義務のある子供一人につき年に2,929ドル（2022年11月1日現在）。シングルペアレント手当が支払われている場合は、第二子から子供手当が支払われる。

二次的扶養手当（Secondary Dependency Allowance）

扶養配偶者がいない場合で、職員が父あるいは母（特別の場合には兄弟姉妹）を金銭的に補助（職員が二次的に扶養している父あるいは母が受け取るすべての金銭的補助の合計額の1/2以上を補助し、しかも二次的扶養手当の2倍以上の金銭的補助）をしている場合、年間1,025ドル（2022年11月1日現在）の二次的扶養手当を受け取ることができる。

国際的任用に関係する手当・補助金等

専門職が受け取る手当・補助金の中には、専門職の国際的任用から派生するものも多い。前述のように、専門職員は、機構に必要な専門性、スキル、知識、経験を持った人材を世界中どこからでも任

用するために国際的任用と定義されている（職員規則4.4）。そのような人材がすでに勤務地に居住しており転居の必要がない場合でも、専門職員＝国際任用とされている（職員規則4.5）。そして、国際的任用の職員に与えられる手当・補助金などを総称して国際的エンタイトルメント（International Entitlements）という。国際的エンタイトルメントにもさまざまな受給資格要件があるが、次の4つのエンタイトルメントは、勤務地に関係するものである。

勤務地関係
住宅補助金（Rental Subsidy）

　住宅補助金は、住宅費が給与に占める割合が勤務地によって大きく異なることを是正する目的で、住居費が給与の一定の割合（勤務地によって異なる）を超えたときに、家族の数（配偶者および扶養子供数）等によって、超過分の家賃の一定割合が支給される。ヨーロッパ、北アメリカ、日本などに勤務地（"H" category）がある場合、住宅補助金は7年間にわたり逓減的（80％から20％）[48]に支払われるが、他の赴任地では、過剰分の80％が勤務している期間を通じて支払われる。

困難地手当（Hardship Allowance）

　職員の勤務地がB－Eカテゴリーである場合[49]、生活上の困難さを補うために（Compensate）設けられた手当である。勤務地のカテゴリーと職員のレベルに応じて年額5,930ドルから23,720ドルが支

48　職員は少なくとも家賃の60％を支払う義務があるので、国連の住宅補助金は家賃の40％を超えない限りで算出される。
49　ICSCは職務遂行と生活困難度の観点から勤務地の困難度をH、A、B、C、D、Eの6種類に分けている。困難度はEが一番高い。

払われる。

単身赴任手当 (Non-Family Service Allowance)

　職員の勤務地に家族帯同ができない場合（Non-family Duty Station）、扶養家族がいない場合でも、この手当が支払われる。家族がいる職員には年額 19,800 ドル、扶養家族がいない職員の場合は年額 7,500 ドル支払われる。

保養休暇 (Rest and Recuperation)

　職員が危険でストレスがたまる難しい勤務地で働く場合、6 週間から 12 週間のインターバルで通常の年休とは別に 5 日間の保養休暇が与えられる。国連は定められた場所（たとえば、アフガニスタン勤務の場合はアラブ首長国連邦のドバイ、南スーダン勤務の場合はウガンダのエンテベ）までの交通を提供するか交通費を負担する。職員は定められた場所以外に行くこともできるが、その費用は本人の負担とする。

海外勤務 (Expatriate) に伴う手当

　国連は国際的エンタイトルメントの一環として、職員の海外勤務に伴う困難や不便を補うために次のような 4 種類の手当を支給する。あくまでもこれらは母国以外の任地国にいることが前提なので、専門職員であっても母国内の勤務地に赴任している場合は受益資格は停止され、これらは支払われない。

教育補助金 (Education Grant)

　母国以外の国で勤務している国際任用の職員の 5 歳以上の子供が学校（幼稚園から大学卒業または 4 年の終りまで）にフルタイムで

就学している場合、国連は教育費（入学金、学費、母国語を学ぶための学費）の総額の 75% まで払い戻し（Reimburse）する。教科書、昼食、スクールバスなどの費用に関しては支払われない。払い戻される費用の上限は子供一人につき毎年 30,566 ドルである。

帰国手当（Repatriation Grant）

元来は、長い間国連の任務のために母国を離れていた職員が、母国に帰国し住居を構える費用を補填する目的であったが、現在では、少なくとも 5 年間国連システムで勤務した職員が、国連を退職し最後の勤務地のある国を離れる場合、本国に帰らなくても帰国手当が支払われる。帰国手当は母国を離れて国連に勤務していた年月から算出するが、上限は 12 年以上勤務の場合で純給与の 16 週分（家族がいない場合）または 28 週分（家族がいる場合）である。

帰国休暇（Home Leave Travel）

母国外の国連事務所で勤務する職員が定期的に母国に帰国し、文化的社会的な絆を深めるために、国際任用の職員は 24 か月に 1 回（困難地 D と E で保養休暇のない勤務地の場合は 12 か月に 1 回）、国連が職員と家族（配偶者と扶養家族）の旅行費用（一時金あるいは飛行機の切符）を負担する。職員と家族は最低 7 日間母国に滞在しなくてはならない。帰国休暇の際は年休を取る必要があるが、平日に旅行した場合、一定の日数の旅行日も与えられる。

家族訪問休暇（Family Visit Travel）

24 か月の帰国休暇サイクルの場合、職員の家族が少なくとも 12 か月間職員の勤務地に国連の費用で旅行しなかった場合（12 か月帰国休暇サイクルの場合は 6 か月間）一定の条件を満たせば、職員は

家族に会うために国連の費用で本国あるいは家族のいる場所に旅行することができる（ただし、費用は帰国休暇の費用を超えないこと）。また、職員が旅行する代わりに配偶者が勤務地に来ることもできる（逆家族訪問休暇）。

旅行関連の手当

　国連は国際任用の職員が赴任・転勤・離職に伴って旅行の必要があった場合、旅費と旅行関連の手当を支払う。

赴任と転勤の際の旅費

　赴任と転勤に際して、国連は職員とその家族の旅行関係費用を支払う。家族への旅費および以下の関係手当の支給は、職員が新しい勤務地で1年以上の任用があるか1年以上の任務が期待されているときに限って支払われる。

赴任手当（Settling-in Allowance）

　赴任手当は、着任（あるいは転勤）のためにかかるホテル代や諸経費の補填のために支払われるが、2つの要素がある。まず、職員には30日分、家族一人当たり（配偶者[50]と扶養している子供）15日分の勤務地の日当（Daily Subsistence Allowance）が支払われる。2つ目は一時金（Lump-sum）で1か月分の給料と地域調整給が支払われる。

50　この場合、配偶者は扶養義務（dependent）である必要はない。配偶者に収入があったとしても職員が国連職員になったがゆえに勤務地に引っ越したと考えるので、配偶者がdependentでなくても構わない。ただし、子供に関しては扶養義務のある子供、つまり、18歳までの子供と学校にフルタイムで通っている年齢が18歳から25歳の子供が扶養義務のある子供と定義されている。

引越手当 (Relocation Shipment/Allowance)

　国連は職員の赴任・転勤・離職に際し引越費用を負担するが、職員は実際に発生した引越費用の代わりに、一括払いの引越手当を請求することもできる。引越手当は、家族がいる職員には 18,000 ドル、家族がいない職員の場合 13,000 ドルである。

国連勤務の性格・ポリシーからくる手当
移動奨励金 (Mobility Allowance)

　国連はその性格から困難地での勤務が多い。困難地での勤務が一部の人に偏らないために、また、一人ひとりがさまざまな職種を経験することによって機構の活動を活性化するために、職員の移動を奨励している。そのために、国連は移動奨励金を支払っている。

　国連システムですでに 5 年以上勤務している職員で、少なくとも 1 年の任期で新しい勤務地に移動し、移動が 2 回目以上である場合、さらに勤務地の困難地カテゴリーが A 〜 E である場合（H カテゴリーの勤務地では支払われない）、勤務地のカテゴリーと職員のレベルに応じて異なる金額の奨励金（年に 6,700 ドルから 15,075 ドル）が支払われる。この奨励金を受け取るためには海外勤務である必要はなく、国際的任用の職員であれば、母国にいても支払われる。

危険手当 (Danger Pay) [51]

　国連での任務にはさまざまな危険が伴うことがある。それは、健康への危険（エボラ出血熱、コロナ等）だったり、戦場で戦闘に巻き込まれることの危険（シリア、ソマリア等）の場合もある。また、国

---

[51]　この手当は専門職員と一般職員の両方に適用される。一般職員に支払われる額は、一般職員の中位に位置する職階の給与の 30% である。

連への敵対意識が強い場所では、国連のために働くこと自体が身の安全への危険となる場合もある（アフガニスタン等）。このような危険がある地域では、国際任用の職員には月額1,645ドル、現地職員の場合には勤務地によって異なる一定の危険手当を支払っている。

Ⅳ　一般職員の待遇とそれを決定する要素

　一般職の専門性、スキル、経験、知識を持つ人材はどこの勤務地でも採用できるという認識から、彼らは現地採用で、彼らの給与はそれぞれの勤務地で同様の職種とレベルにおいて支払われている最高水準の給与（best prevailing local rates）と同等と定められていることは前にも述べた。そこで以下では、一般職員の給与体系と手当、補助金などを見ていこう。

　一般職員の給与体系は下記の要素で定まる。

1. 職種（専門職）：給与表（表5）の種類が決まる（専門職とは異なり給与表は勤務地ごとに定められている）。[52]

2. 等級（レベル・ステップ）：給与表の縦軸がレベル（GS1～GS7）、横軸がステップで、交わるところがその等級の総給与と純給与を示している。

3. 現地での慣行：扶養手当、言語手当およびまれに葬式手当は現地でそのような手当が慣行となっている場合にのみ支払われる。

---

[52]　たとえばニューヨークの場合、一般職には5つの職種（一般、語学教師、広報助手、保安、職人）があり、それぞれに給与表が定められている。

表 5　一般職員給与表（ニューヨーク）

Revised salary scales for staff in the General Service and related categories at Headquarters
Effective 1 November 2020

Level		I	II	III	IV	V	VI	VII	VIII	IX	X	XI
7	(Gross)	74 824	77 846	80 880	83 945	87 010	90 075	93 139	96 204	99 269	102 334	105 399
	(Gross pens.)	72 711	75 653	78 594	81 535	84 476	87 415	90 356	93 298	96 239	99 268	102 421
	(Total net)	57 073	59 249	61 425	63 601	65 777	67 953	70 129	72 305	74 481	76 657	78 833
	(Net pens.)	57 073	59 249	61 425	63 601	65 777	67 953	70 129	72 305	74 481	76 657	78 833
	(NPC)	0	0	0	0	0	0	0	0	0	0	0
6	(Gross)	67 319	70 047	72 775	75 503	78 231	80 972	83 738	86 504	89 270	92 037	94 803
	(Gross pens.)	65 410	68 065	70 719	73 373	76 028	78 680	81 335	83 990	86 644	89 299	91 952
	(Total net)	51 670	53 634	55 598	57 562	59 526	61 490	63 454	65 418	67 382	69 346	71 310
	(Net pens.)	51 670	53 634	55 598	57 562	59 526	61 490	63 454	65 418	67 382	69 346	71 310
	(NPC)	0	0	0	0	0	0	0	0	0	0	0
5	(Gross)	60 481	62 949	65 417	67 885	70 353	72 821	75 289	77 757	80 228	82 731	85 234
	(Gross pens.)	59 018	61 324	63 631	65 963	68 364	70 764	73 164	75 563	77 962	80 365	82 763
	(Total net)	46 746	48 523	50 300	52 077	53 854	55 631	57 408	59 185	60 962	62 739	64 516
	(Net pens.)	46 746	48 523	50 300	52 077	53 854	55 631	57 408	59 185	60 962	62 739	64 516
	(NPC)	0	0	0	0	0	0	0	0	0	0	0
4	(Gross)	54 478	56 653	58 827	61 029	63 264	65 499	67 733	69 968	72 203	74 438	76 672
	(Gross pens.)	53 254	55 343	57 435	59 524	61 616	63 704	65 814	67 989	70 164	72 339	74 514
	(Total net)	42 314	43 923	45 532	47 141	48 750	50 359	51 968	53 577	55 186	56 795	58 404
	(Net pens.)	42 314	43 923	45 532	47 141	48 750	50 359	51 968	53 577	55 186	56 795	58 404
	(NPC)	0	0	0	0	0	0	0	0	0	0	0
3	(Gross)	49 019	50 991	52 962	54 934	56 905	58 877	60 872	62 899	64 925	66 951	68 978
	(Gross pens.)	48 011	49 907	51 800	53 697	55 591	57 488	59 380	61 277	63 170	65 065	67 028
	(Total net)	38 274	39 733	41 192	42 651	44 110	45 569	47 028	48 487	49 946	51 405	52 864
	(Net pens.)	38 274	39 733	41 192	42 651	44 110	45 569	47 028	48 487	49 946	51 405	52 864
	(NPC)	0	0	0	0	0	0	0	0	0	0	0
2	(Gross)	44 122	45 905	47 689	49 473	51 257	53 041	54 824	56 608	58 392	60 181	*
	(Gross pens.)	43 308	45 022	46 734	48 450	50 161	51 875	53 588	55 303	57 016	58 730	*
	(Total net)	34 650	35 970	37 290	38 610	39 930	41 250	42 570	43 890	45 210	46 530	*
	(Net pens.)	34 650	35 970	37 290	38 610	39 930	41 250	42 570	43 890	45 210	46 530	*
	(NPC)	0	0	0	0	0	0	0	0	0	0	*
1	(Gross)	39 684	41 285	42 899	44 512	46 126	47 739	49 353	50 966	52 580	*	
	(Gross pens.)	39 030	40 578	42 131	43 681	45 231	46 784	48 333	49 884	51 434	*	
	(Total net)	31 357	32 551	33 745	34 939	36 133	37 327	38 521	39 715	40 909	*	
	(Net pens.)	31 357	32 551	33 745	34 939	36 133	37 327	38 521	39 715	40 909	*	
	(NPC)	0	0	0	0	0	0	0	0	0		

V　一般職員の給与体系、手当、補助金 [53]

給与（Salaries）

　専門職員と同じように基本給は総給与（Gross Salary）からスタッ

フアセスメントを引いたものが純給与（Net Salary）として支払われるが、これは職員の階級（Grade/Step）と勤務地ごとに決まっている。

　職員は過去1年の勤務評定と行動（Conduct）が満足（Satisfactory）であれば毎年の昇級がある。

長期勤務ステップ（Long Service Step）

　現地の慣行によるが、多くの勤務地で各レベルの最後のステップは長期勤務ステップ（Long Service Step）となっている。勤続20年以上で最後から二番目のステップに5年以上留まっている場合、勤務成績が満足であれば、最後のステップである長期勤務ステップに昇給する。

扶養手当（Dependency Allowances）

　先に述べたように扶養手当は勤務地の慣行によるが、ニューヨークの場合（2022年11月1日現在）、扶養配偶者手当（年額3,727ドル）、子供手当（通常年額2,329ドル、シングルペアレント、離婚している親、寡婦・夫の第一子は3,575ドル）、二次扶養者手当（年額1,169ドル）がある。

語学手当（Language Allowance）

　たとえばニューヨークの場合、英語で職務ができることが採用の条件であるが、その他の公用語の語学資格試験（Language Proficiency Test）に合格した場合は、第一外国語について年額2,337ドル、第二外国語について1,169ドルの語学手当が支給される（2022年11月1日現在）。

国際任用の一般職員

　一般職員は通常は現地採用であるが、特定の語学関係の職種（たとえばロシア語、中国語、アラビア語、フランス語のワードプロセッサーやプルーフリーダー）にはその言語の試験があり、この試験に受かった者しかこれらの職種に就くことができない。このカテゴリーの職員は国際任用と考えられ、国際的エンタイトルメントが与えられる。

Ⅵ　すべての職員に共通のベネフィット

　前記のほかに、すべての職員に共通のベネフィットがある。多くのベネフィットは福利厚生関係であり、任用の期間が資格取得の要素になっているものが多い。

年金基金への加入（Pension Benefits）

　国連職員は、6か月以上の任期で任用された場合もしくは続けて6か月間勤務した場合、国連合同職員年金基金（United Nations Joint Staff Pension Fund）が管理運営する年金に自動的に加入することになっている。掛金は職員のランクに応じて定められた年金基礎給（Pensionable Remuneration）によって変わり、これの7.9%を職員が負担し、機構はその二倍の15.8%を負担する。年金の受給資格は5年以上勤務した職員で、退職前5年間のうち最も高い給与を受け取っていた3年間の平均と勤続年数によって計算される。5年未満の勤務の場合は、自分が支払った掛金に金利を足して退職時に返還される。

健康保険（Health and Dental Insurance）

国連の健康保険は大きく分けて以下の3つのタイプがある。

国連全世界プラン（UN World Wide Plan, WWP）

アメリカ合衆国以外に在住する国際任用の職員は国連全世界プランに加入することができる。毎年の医療費支払い限度額は25万米ドルである。全世界プランの掛金は給料に一定の割合をかけたものだが、総掛金の50％は機構が負担する。

アメリカ在住者用プラン（US Based Plan）

アメリカ合衆国では医療費が他の国よりも格段に高額なので、アメリカ在住の職員はアメリカ在住者向けのプラン（3種あるが、内1つを選ぶ）に加入する。また、他の勤務地で勤務している職員と家族（配偶者と扶養している子供）がアメリカでの医療を受ける状況にある場合には、米国在住者用プランに加入しなければならない。掛金は職員の給料に一定の割合をかけることで決まるが、掛金総額の3分の2は機構が負担する。

医療保険プラン（Medical Insurance Plan）

本部以外の勤務地で勤務する現地職員はこのプランに加入しなければならない。掛金の75％は機構が負担するが、職員は給与に一定の割合をかけた掛金を負担する。

年休（Annual Leave）

期限付き任用（Fixed-term appointment）と継続・終身任用（Continuing/permanent appointment）の職員には1か月につき2.5日、臨

時任用（Temporary appointment）の職員には月1.5日の有給休暇が与えられる。国連事務局の場合は年休のサイクルが4月1日から翌年の3月31日である。その年休サイクルの間に使わなかった年休日数は、臨時任用の職員は18日まで、また、ほかの職員は60日まで、次の休暇サイクルに持ち越すことができる。離職する場合には、機構がその日数を上限として職員が取らなかった年休日数を買い取る。

病気休暇（Sick Leave）

　臨時任用の職員については1か月につき2日の病気休暇が与えられる。病気休暇が長期に及ぶとき、期限付き任用で任期3年未満の職員については、最初の3か月の病気休暇中は給与の全額が支払われるが、その次の3か月の休暇中は50％に減額される。任用が3年以上の職員の場合は、9か月の病気休暇中は全給が保証され、その次の9か月は半給の病気休暇が与えられる。これらの休暇日数の中には、毎年7日までの診断書なしで取れる病気休暇（Uncertified Sick Leave）が含まれる。

出産休暇（Maternity Leave）

　女性職員は出産に際し16週の出産休暇が与えられる[54]。出産休暇終了後、職員はさらに2年間育児のための無給休暇を取得することができる。

育児休暇（Paternity Leave）

　父親となった職員は、通常4週間（国際任用の職員が勤務するノ

---

[54]　期限付き任用の職員の場合、もし出産予定日が現在の契約終了の6週間以内だった場合、全出産休暇を取得できるように契約が延長される。

ンファミリー勤務地の場合8週間）の育児休暇が与えられる。育児休暇は子供の誕生から1年以内に、個別にあるいはまとめて取得することができる。

特別休暇（Special Leave with or without pay）

国連では、期限付き、継続、終身任用の職員に対して、国連にとって有益で高度な研究やリサーチを行うため、あるいは、長期療養、子供やほかの大切な人のケアのためなどの場合、特別休暇が許可されることがある。通常このような休暇は無給であるが、特段な事情がある場合には有給特別休暇が認められる。また、養子縁組の場合は定められた日数の有給休暇が与えられる。

死亡手当（Death Benefit）

在職中に職員が死亡し、配偶者か扶養義務のある子供がいた場合、職員の勤務年数に応じて3か月から9か月分の給料が家族に支払われる。

解雇手当（Termination Indemnity）

職員が解雇された場合、任用の種類と勤続年数によって6週間から12か月分の純給与が支払われる。ただし、職員が職務を放棄した場合や懲戒処分で解雇された場合には解雇手当は支払われない。また、期限付きの任用が任用期限に終了した場合、辞任した場合、あるいは定年退職した場合には解雇とは見なされないため、解雇手当は支払われない。

VII　国連共通システム

国連共通システムとは、国連関連機関（国連事務局、補助機関、専

門機関等）が、待遇の差異からくる採用面での競争を避けるために、また、人事交流を円滑化し職員の機構間の移動を容易にするために、給与、待遇、勤務条件を統一するのが望ましいとの認識のもとに設立されたシステムを指す。これを担うために、1974年に独立した専門家機関として、国際人事委員会が設立された。

　国際人事委員会は、以下の点について国連総会に勧告する権限がある。

- ・　職員の勤務条件と待遇
- ・　勤務条件決定の基本原則の適用方法
- ・　手当、一部の福利厚生の額および支給要件
- ・　旅費の基準
- ・　地域調整給にかかる勤務地の格付け
- ・　各機関に共通の人事規則の適用
- ・　各機関に共通な職種について、同一労働同一賃金（Equal Work, Equal Pay）を実現するために、職階基準（classification）を確立すること

　また、第3章で述べたように、国際人事委員会は各機関の空席情報を統合するジョブネットを作り、自らのウェブサイトで公開している（https://jobs.unicsc.org）。

Ⅷ　国連職員の国際的性格の意味

　第2章から第4章までは国連職員の地位、権利義務、採用、および待遇について概観してきたが、ここで今一度、国連憲章が規定する国連職員の国際的性格がそれぞれの項目について、どのように表れているか復習してみよう。

　まず、第2章では、国際公務員の地位は国際的で、その地位により、国際公務員は機構のいかなる当局からの指示を受けてはならず

（独立性）、国連の利益に忠誠を持ち、機構の利益のみに鑑みて行動しなければならず（誠実性）、機構の独立性および不偏性を損なういかなる政治活動にも従事してはならない（不偏性）という義務を見てきた。さらに、国連が任務を遂行するためには、国連とその職員の国際的地位が保証され、独立的に任務を全うするためのさまざまな機能的特権免除が必要であることに言及した。

　第3章では、国連の職員は第一に最高水準の能率、能力、誠実を持たねばならないが、地理的配分に留意し広く加盟国から職員を採用することが、国連の国際性を具現することを見た。

　第4章では、国連が最高水準の能率、能力、誠実を持つ専門職員を必要に応じて国際的に採用し保持するために、給与は世界中で最も高い給与水準国の公務員体系を基礎にされていること、また、一般職員については現地で同様の職種で支払われている最高水準の給与と同等にすることを説明した。また、前者に対しては、国際的採用に対する配慮からさまざまな手当や補助金があり、すべての職員に対して十分な社会保障のベネフィットがあることを見てきた。

　これらを第2章の図2に重ね合わせると、図3のようになる。

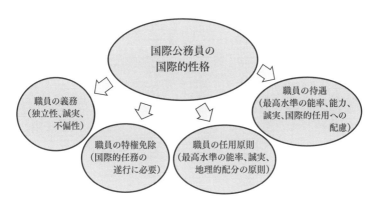

図3　国際公務員の国際的性格の意味

第5章　　国連で成功するための準備

　第2章から第4章において国際公務員の性格と義務、任用、待遇等を説明したが、これらは職員規則の第1、3、4、5、6、7、9章の概観となる。この章では、国際公務員の国際性や職員規則の話を離れ、国連に入り、生き残っていくために大切だと思われることを、私の経験からお話ししようと思う。

Ⅰ　採用のための準備

　国連の採用は、YPPを除いてほとんどの場合が中途採用であることは前述したが、新任の職員でも大体30歳過ぎで雇用される。というのは、P2レベルで採用される場合でも、最低応募資格が修士号と2年の職務経験なので、最短の場合でも25〜26歳ぐらいになっているからだ。YPP以外の多くの候補者は、P2レベルの最低応募資格より豊富なバックグラウンドを持っている。たとえば、Ph.Dを持っていたり、5年以上の職歴を持っていたり、フィールドの経験が豊富であったりする。

　ここでは、そういう応募者多数の中で、少なくとも書類審査を通り筆記試験や面接に呼ばれるためには、どういう資質を持っていれば良いかを考えてみたい。いずれの資質も培うにはある程度の年月を要する。しかしながら、これらの資質はどういう職業に就くにせよ有用なので、時間をかけて作り上げていく価値はあると思う。

語学力とコミュニケーション

　語学力は高いに越したことはない。英語と仏語は作業言語であり、どちらかがそのレベルにあれば良いことになっている。しかし

実際は、英語は必須だと考えた方がよい。英語は読めて、話せて、聞いて（理解して）、書けなければならない。どれも大切だが、特に書く力の重要性を強調したい。国連は官僚機構なので、決定事項や合意内容を書いて確認することが多い。しかも英語が母国語でない人の間では、理解が曖昧だったり、誤解があったりするのを防ぐためにも書くことが肝要だ。したがって、論理的に書く力を養っておくことがとても大切である。日本人は文法的に完璧に正しい文章を書くことは苦手かもしれないが（しかしながら、完璧な英語を書く日本人も大勢いる）、文法の完璧さより論理的な文章を書くことのほうがより大切であり、説得力がある[55]（YPPの受験者は、それに加えてある程度のスピードがなくてはならない）。

　また、語学力にはプレゼンテーション能力が含まれる。私の経験では、プレゼンテーション能力の高い人は実に的確なときに適確な発言をして周りの人の尊敬を集める。そうすると、その人の声が聞こえただけで、みんなが注目するようになる。最近の若い日本人は、私の時代よりプレゼンテーションが格段に上手なので羨ましいが、若手の人はなるべく早いうちにコミュニケーション力を養っておくことが望ましい。[56]

　そして、フランス語やほかの公用語がもう1つできるとさらに望ましい。英語のレベルまではいかなくても、国連の文章がその言葉で読めて、人の発言が理解できれば素晴らしい。話すことに関しては、日常会話ができていれば職務上の難しい答弁は英語でも許され

55　私の同僚や上司たちは書くことに長けている人が多かった。私の英語の文法は完璧から程遠かったけれど、彼女たち（女性が多かった）は簡単に直し、素晴らしい文章にしてくれた。国連に入ってからはそういう人を見つけて、エディターになってもらえばよい。

56　少なくとも人前で話すことに慣れていてほしい。人前で話すのは、場数を踏めば慣れて怖くなくなるので、しいて人前で話す機会を作って慣れていることが望ましい。

る。フランス語ができると赴任できる地域の幅が英語圏だけでなく、フランス、ベルギー、スイス、西アフリカなどに広がっていく。同様に、スペイン語であればスペインとラテンアメリカ、アラビア語であれば中東等とフィールドに行くチャンスが多くなる。英語圏の任地でも、第二外国語の能力は非常に重宝され、面接に呼ばれる可能性が高くなる。

　ではどうすれば語学力が付くか。語学を身に付けるには、留学が一番手っ取り早いと思う。私は「純ジャパ」で、中高時代で唯一好きな学科は英語だったが、語彙が増えない上に仮定法でつまずいていた。ICU の 1 年目の Freshman English Programme は英語を使うことを目的とする非常に良いプログラムだったとは思うが、私の英語力は国連職員になる十分なレベルにまで達していなかった。

　ミシガン州のグランドバレー大学に交換留学した最初の学期では、フランス語やピアノ、陶芸など英語を使わなくてすむクラスばかり登録したが、政治学専攻の私は「アメリカ政治」の授業は取らなければならなかった。これがまったくわからない。毎週クラスで学んだことをまとめる宿題があったが、誰のノートを借りるかによって成績が大きく変動した。先生は多分、連邦政府と州政府の権限の違いなどを話していたのだろうが、しきりに「ローコー」と言っていた。これが何を意味するのかわからなかった。秋学期が終わるころ、はたと「これは "local" と言っているのだ」と気が付いた。3 か月かかったが、この謎が解けてから英語が飛躍的に聞けるようになって、その後は授業で苦労することは少なくなった。ただ、読み書きのスピードは遅く、毎日図書館が閉まるまで宿題をしなくてはならなかった。

　2 回目の留学は ICU で博士課程を終えてから、フルブライト奨学金をもらってワシントン DC にあるアメリカン大学の法律学大学院

の法律学修士課程（LLM）に入った。私はアメリカの大学で国際法をどう教えているのかに興味があったが、同級生であるタイの裁判官、台湾の弁護士、タンザニア運輸省の役人などと親交を深める時間も削るつもりもなかったし、彼らも同じようだった。ただ、LLMの授業はJDの授業と共通なものも多く、先生の意地悪な質問に震え上がり、宿題の多さに辟易したが、それゆえに読み書きのスピードが付いたと思う。

　私の場合、この２回の留学をなくしては、国連の競争試験に受かるために必要な英語力は付かなかっただろうと思う。

専門を持つ

　日本では新卒が就職し、就職先で仕事や社会的なマナーを覚え、日本語の敬語の使い方を習得する。そして、頻繁に配属が変わりさまざまな仕事をこなしていく中で昇進していく。すばらしいオールラウンダーでどんな職種でもこなせることが重要視される。しかしながら、国連が求めるのはスペシャリストである。国連は中途採用の専門家集団なので、応募者がすでに自分の専門を確立しているスペシャリストであることを期待している。大学院で経済学の修士号を取って、日本の銀行での職歴があれば、自分の専門は「経済学」ですと言ってもみんな納得するだろう。しかしながら、すべての人が入局した時点で、はっきりした専門を持っているわけではない。特にJPOの中には、日本の企業で普通に４〜５年働いた後、事務次長や事務次長補のオフィスの中にある特別アドバイザーの補佐として入ってくる人が多いが、ここでの仕事は多岐にわたり、自分の専門に特化した仕事をすることは難しい。このようなときにはどうするか。

　私自身を例としてみよう。

　すでに述べたように、私が大学と大学院で勉強したのは国際法だった。学部から国際法一筋（！）だったが、出身校であるICUには法学部がないので、学位は教養学士・行政学修士・学術博士だった。博士課程在籍時に日本の法律事務所でパラリーガルとして少しの間働いた経験もあったし、法学修士（LLM）の学位も取った。その後、国連競争試験の法律部門で合格したが、国連法務部は「法律の学士号（あるいはJD）」がない人を法務部で雇うことはできないと言った。つまり、彼らの目から見れば、私は法律の専門家ではなかった。

　しかしながら、人事部にも職員規則を解釈する法務官のポストがあって、法律の学位にこだわらなかったので、そこで私は初めての職を得た。その後は職員規則の解釈や運用に携わったから、その後の私の専門は職員規則になったのである。このように、国連に入ったときには専門は確立していなくても、あるいは曖昧であっても、入局後に専門を築けば良い。その場合、国連に入る前に好きなこと、将来専門としても良い分野を承知しておくと良いと思う。好きなことは長く続けられ、深めることをいとわないだろう。

　私の場合、競争試験に受かったときは、法務部で当時は盛んに議論されていた海洋法や国際法の漸進的発達、慣習法といった分野で仕事ができることを期待していた。それに比べ、職員規則の起草や解釈はとても地味な感じがした。ただ、私の博士論文は「国際機構の決議の法的性格」に関しての研究であり、職員規則は国連の決議の１つなので、その点ではとても興味があった。入局当初、私の上司は「このオフィスにあるファイルのどこかに、教育補助金のAdmissible Expenses は何かというメモがあるはずだから、それを探してきて」というような仕事を私に命じた。当時はまだファイルがデジタル化されていない時代である。ひたすらファイルを読みあ

さる仕事だったが、これは私のその後のキャリアの基礎を作った。当時は気が付かなかったが、オフィス中の多様なファイルを読むことによって、私は自分の専門性を深めていたのだ。

人とうまくやっていく能力

アナン事務総長が述べたように（第 3 章脚注 42 参照）、国連の組織としての成功は職員の力によっているところが大きい。国連は、職員が組織の中でその能力を最大限に発揮するために必要不可欠な個人の資質を Competencies として定義した。これを平たく言えば「性格が良く、人と仲良くできる人」というようなことだろう。国連に入るためだけなら、面接で聞かれる質問を予想し答えを上手に作っておくことができる。ただ、人物に関する評判は国連に入った後もついて回るので、人とうまくやっていくこと、ほかの職員に一緒に働きたい人と思ってもらうことはとても大切である。日本人は一般に良い人という印象を与えるが、ぜひこういう評判を作ってほしい。

どうやって良い人になるか？　答えはないが、若いうちに失敗や挫折も含めてさまざまな経験をして、ほかの人の立場を想像できることだろうか。

目に留まること

一般に国連の公募ポストには応募者が多い。書類では、候補者が最低の資格要件を持っているかどうかを審査する。しかしながら、書類審査に通ったとしても、たくさんの応募者の筆記試験の結果を限られた時間で採点しなければならない採用マネージャーは、書類審査を通過したすべての人を筆記試験に呼ぶとは限らない。ここで、まず採用マネージャーの目に留まらなくてはならない。この点

に関しては、パートⅡで詳しく説明しているので重複は避けるが、ここでは私の視点から、どうすれば目立つか、人の目に留まるか、ということを書いてみたい。

(1)　空席公募を読み込み、採用マネージャーがどのような人材を必要としているのか、具体的なイメージを作る。その上で自分の応募書類を空席公募で使われているキーワードを使って採用マネージャーの持っているであろうイメージになるべく近くなるように作成する。もし、自分のプロファイルがポストのプロファイルと非常に近ければ良いが、もしそうでなければこの作業は簡単ではない。しかしながら、自分のプロファイルを空席公募でイメージされている人材にできるだけ近づけるようにしなければ、筆記試験および面接に招待されることは難しい。（この準備と面接の準備については本書パートⅡの第5章と第6章を参照のこと）

(2)　空席公募に応募する前に採用マネージャーや国連内部の人に「知られている」こと。知られるためには、学生時代のインターンはとても良い手段だと思う。私のかつての同僚で、競争試験を通じて入局し今や部長（D2）になった人がいる。彼女は、人生で最良の投資は学生時代に国連でインターンをしたことだと言っていた。インターン時代の上司が働き者の彼女を覚えていて、競争試験に受かった際には真っ先に採ってくれたという。同様の話はほかの人からも聞いたことがある。

　前にも言ったように、国連事務局のインターンは基本的に無給で、物価の高いニューヨークで2～3か月の間自前でインターンをするのは経済的に厳しい。私はその理由で国連インターンには応募しなかったが、トビタテ！やほかの奨学金、あるいは貯金を使ってでもできるなら、やってみるのも良いと思う。

最近はオンラインのインターンがほとんどだが[57]、この場合、自宅にいながらにして国連の職員に「知られる」ので、絶好の機会かもしれない。

(3)　国連ボランティア計画が主催する、国連ボランティアやユースボランティアに参加するのも同様の理由で勧められる。こちらは生活費が支払われるので、インターンほどの経済的困難には陥らないだろう。ただし、競争は激しくなる。

(4)　国連の主催する会議などに参加する。模擬国連や模擬裁判、ユース会議などに参加するのも良いだろう。このような会議に参加して、国連派遣の職員に積極的に話しかけ名前が知られていたために、YPP に受かった後すぐにポストをオファーされたという若手職員に会った。積極的に少ない機会を捉える覚悟が通じたのだと思う。

Ⅱ　国連でのキャリアアップのための準備

一旦国連に入った後も、契約延長、正規ポストの獲得、昇進などの局面に直面するだろう。そこで、国連でのキャリアアップには何が必要なのかを考えてみる。

良い評判を作り（Reputation Management）信頼（credibility）を得る

国連に入ってすぐに取り組むべきことは、良い評判を作ることに尽きる。そのためには、まず、仕事がきちんとできることを見せる必要があると思う。新任の場合、日本で責任ある仕事をしてキャリアを積んできた人でも、エントリーレベル（P2）の専門職で入って

---

[57]　オンラインインターンはパートタイムでできるものもある。

くるので、日本にいたときと同じような責任ある仕事は任されない
ことが多い。国連でも仕事は優秀な職員のところに集まるが、新人
が良い仕事をするかどうかは未知数で、新人職員には最初から責任
ある仕事は来ないものである。時に、仕事のつまらなさに気落ちし
て、あるいは配属された部署に不満を溜めて、与えられた仕事もせ
ずに次のポスト探しをし、周りに不満を言いふらす人がいる。心情
的には理解できるが、最初の仕事はたとえつまらないものであって
も正確にやり遂げないと、職場での良い評判は作ることができな
い。良い評判ができないところには仕事も来ないし、次の仕事に引
き抜いてくれる人もいないという状況に陥る。したがって、入局し
た当初の仕事には特段心を尽くすことが肝要だ。良い仕事を続けて
いれば、仕事は自ずから集まってくるようになる。そうなると、い
ろいろなポストのオファーが来るのである。

　責任感を持って良い仕事をし、人柄が誠実であり、人と良い関係
を築くことができる能力があることがわかると、人は自然に信頼し
てくれるようになる。この信頼性が築かれると、意見は尊重され、
仕事は大幅にやりやすくなる。

上司、同僚、部下の関係

　周りの人とうまくやっていくことと関係しているのが、周りの人
との関係を上手に維持していくことである。

上司

　現在の上司が公募やYPPを通じて選んでくれた場合は、上司と
の関係はたいがいうまくいくだろう。もし、上司が自分より遅く着
任した場合、あるいは、上司がほかの人を選んだが何らかの理由[58]で

---

[58]　たとえば、上司の上司が介入した場合、あるいは、地理的配分や女性登用という国
連のポリシーに関わる理由で選ばれた場合など。

自分がポストを取った場合、最初から上司との関係がうまくいくとは限らない。私の場合も、私を選んだ上司との関係には苦労しなかったが、私より後に着任した上司とは必ずしもうまくいかなかった。そういう場合は、上司とのコミュニケーションを積極的に取っていくのがよい。少なくとも、日常的に自分がどんな仕事をしているか、あるいは、どういう問題に直面しているか、などを知らせておくと、頻繁に問題解決の助言をもらうことができるだろう。また、時々「ご機嫌伺い」をするのも有用だろうと思う。疎遠であると、なんとなく忘れられたり遠ざけられたりするものである（私はうまくいかなかった上司とは上のどれもしなかった）。

　自分の契約状況も時折報告すると良い。上司は良い部下を失いたくないので、大切な部下だったら契約の更新のために力を貸してくれるだろう。もし何もしてくれないときは、上司が悪いか、部下が悪いか、あるいは両方が悪いかのいずれかである。

同僚

　当たり前のことであるが、同僚の悪口を言ってはいけない。裏切ってはいけない。同僚の仕事は身近で見ることが多いので、アラも見えるだろう。気に入らないところも目に入るだろう。それを本人に直接言うのはいいが、他の人には言うものではない。「国連には秘密がない」とよく言うが、たとえ間接的に同僚の悪口を言ったとしても、必ずその悪口はいずれ同僚本人に伝わると思っていた方が良い。一旦同僚の耳に入れば、信頼関係は一気に消滅し、あなたは一人の協力者を永遠に失うことになる。

部下

　良い部下に恵まれる幸せはこの上ない。良い仕事をしてもらうためには何が必要か。

　第一に、自分のビジョンを伝え、それぞれの部下に何を期待して

いるかを具体的に伝えることが大切だと思う。目標やタイムライン
を明確に伝えないと部下は仕事の優先順位をつけられない。

　部下に気持ち良く仕事をしてもらうためには、部下を守る姿勢を
見せることも必要だと思う。部下や部署が直面している障害を見つ
け、それに対処あるいは障害を排除するために戦う姿を見せないと
いけない。上司が自分たちのために戦ってくれるかどうかは部下の
士気に大きな影響を与える。

　部下と良い人間関係を作るために、コミュニケーションを良く
し、折を見て褒め、感謝を伝えることも大切だと思う。私は、人を
上手に褒めることは人を育てる、と思う。このことは自分の着任以
前からいる部下には特に重要だと思う。というのは、彼らは新しい
上司に認めてもらえるかどうかの不安を持っているからである。

　部下を持つことで一番の苦労は、部下が満足な仕事をしない場合
である。それにはさまざまな原因があるが、たとえば結婚や離婚、
子育て、介護など一時的な家庭の事情がある場合はなるべく率直に
話し合い、できる限りサポートする姿勢を見せ、お互いに妥協でき
る範囲で解決策を見つけることができるだろう。

　最も困るのは、部下に仕事に対する正しい姿勢や意欲がない場合
である[59]。最初は、なだめたり、すかしたり、怒ったりしながら、ど
うしたら部下が働くかを見極めようとする。何をしてもうまくいか
ない場合、最終的には勤務評価制度を使って公的にその人の不満足
な勤務を正していくという手段を取らざるを得ないが、これには多
大なエネルギーが必要で、大抵の上司はそれを避けようとする。そ
うすると、仕事をしない部下は居直り、居座り、不満足な勤務は続

59　昇進への期待がかなわないことが原因であることも多い。それは、昇進への期待が
　　理不尽だったり過剰な場合もあるが、自分が選ばれなかっただけでなく、自分より
　　「望ましくない」と思われる人が選ばれた場合にはなおさら不満が溜まる。

くことになり、ほかの職員の志気が下がり、部署自体の業務に悪影響を及ぼす。こうさせないためには、不満足な勤務に接したときにはなるべく早く対処する必要がある。延ばせば延ばすほど、問題は大きくなる。

家族との関係と理解を求めること

　職場の人間関係と同様に大切なのは家族との関係だと思う。前にも述べたように、大抵の職員がエントリーレベルで国連へ入局するのは30歳前後だが、その頃はさまざまなライフイベントに遭遇する時期と重なる。こんなことを書くのは「大きなお世話」であるが、パートナーがいる場合は、その人と自分のキャリア目標、キャリアパス、子供がいる場合の育児などの家庭生活等について話し合い（もちろん人生は計画通りにはいかないが）、お互いの人生における優先順位や役割分担などの認識や理解を深めておくと良いかもしれない。特に転勤や単身赴任になる場合、家族の生活や子供の教育とどう折り合いをつけていくかは大切な問題である。

情報収集のためのネットワーキングをする

　ニューヨークの国連事務局本部のエレベーターは全部で18基あり、6基ごとに上層階用、中層階用、低層階用に分かれている。私が国連に入ったばかりの頃（そして多分今も）事務総長室や政務局は高層階にあった。そこに通じるエレベーター6基の向こう側には売店があった。売店の前に毎日立っている職員が何人かおり、その人たちは知り合いに会うと握手して挨拶を交わしていた。そのうちの一部は、選挙投票期間中の候補者が一日中駅前に立っているように、ほとんど一日中売店前に立ち続けてネットワーキングに勤しみ、夕方5時になると自分のオフィスに「戻って」仕事を始めるのだ

という。そうやって、事務次長になった人を知っている。

　今はもうなくなってしまったが、国連事務局本部の一階にはイーストリバーを見晴らすカフェテリアがあった。そこにはいつもかなりの数の職員が、午前のコーヒー、午後のお茶に集まっていた。また、ジュネーブの国連本部では、職員が朝来るやいなや部屋から消える。どうしたのかと思ったら、カフェに行って朝のコーヒーをするのだという。

　"Good Old Days" の国連ではこういう形でネットワーキングが活発だった。その後の国連では予算は増えず仕事量は増加するという状況が続き、エレベーターホールでの挨拶やカフェテリアでのコーヒーの機会は減ってしまった。しかし、ネットワーキングの大切さは変わらないので、さまざまな機会を利用してネットワーキングを続けてもらいたい。

　たとえば、同じオフィスの同僚、上司、部下たちとたまにはランチやコーヒーに行くのもいいだろう。そこで、オフィスのゴシップやニュースを聞いておくのも良い。ボスたちの性格や癖を知っておくのも悪くない。さらに部局内外での作業部会やミーティング等にも積極的に参加しよう。普段会わない人たちと知り合う機会は貴重だと思った方が良い。

　また、同じオフィスや部局だけでなく、外の人とのネットワークを持っていたほうがさらに良いと思う。特に、利害を共有しない人たちとの連携は貴重だ。これには語学やほかの研修でのクラスメイト、クラブ活動（国連にも職員が運営するさまざまなクラブがある）、学会への参加等がある。ここでは、事務局だけでなくUNICEFやUNDP、UNFPAなどの職員と知り合いになる良い機会だ。私はジャマイカにあるISAに出向したが、ジャマイカにはこの機構のほかにUNDP、UNICEF、UNEP、UNFPA等のオフィスがあり、首都

キングストンに点在していた。公式の場ではほかのオフィスの職員と会う機会は少なかった。ただ、パーティーに招待されたり外国人が出入りするレストランやバーではさまざまな国連機関の職員に出会うことがあった。また、子供をアメリカンスクールに入れている職員が多かったので、学校のつながりでネットワーキングも盛んだったように思う。

　フィールドにある小さいオフィスや遠隔の勤務地に配属されている場合、このような人との結び付きが必要不可欠だと思う。特に新任での赴任の場合、後の契約延長や、JPOの場合は正規ポストを取るためにさまざまな情報を集めることが大切であり、また、自分の所属している機関であるかどうかを問わずして、自分の名前を覚えてもらう必要がある。本部は遠く、フィールドにある小さいオフィスの外では、誰も自分の仕事ぶりを知ってくれないという状況が起こり得る。そのときに、同じ勤務地にあるほかの機関の職員が力になってくれるかもしれない。

　また、遠隔地のオフィスでは、生活必需品の調達にも苦労する。私がジャマイカにいたときには、日本食料品店や和食レストランがなかったので、唯一本格的な和食を出してくださる大使公邸に招かれるときはとても嬉しかった。大使館のイベントを通じてJICAや日系企業の人ともつながり、日本食品や新鮮な魚がどこで買えるかなどの情報はこの方たちからいただいた。

自国・他国のJPOやYPPとの連携

　JPOやYPPで入った人たちにとって、同期のJPO/YPP仲間や後輩、先輩とは特別な関係に感じられ、キャリアを通してのかけがえのない結び付きを築くことができるだろう。多くの場合、利害関係がないのも幸いして、情報を共有するだけでなく不満、苦労を分か

ち合い、一緒に育っていく。そしてキャリアの後半になってみると
それぞれが要職につき、公私にわたって助け合う場面も多々出てく
ると思う。この人たちは退職後も楽しく付き合う戦友、旧友になる。

入ってから習得できる新たなスキルと経験

　先に語学力とコミュニケーションが大切だと書いた。国連に入っ
てからもこれらの能力を向上することはできる。国連には、内部に
公用語の語学研修がある。それぞれの公用語についてレベル1から
8まであり、毎学期末筆記試験と口述試験が実施され、これに合格
しないと次のレベルに進めない。さらに、最後のレベル8に合格す
ると語学資格試験（Language Proficiency Exam）がある。

　一般職の場合、語学手当のある勤務地では、資格試験に受かれば
語学手当が支給される。専門職の場合、かつては昇給の頻度が通常
の12か月に一度から10か月に一度に早められていた。しかし、現
在では一旦資格試験に受かっても、そのレベルを維持する職員が少
ないという危惧とレベル維持のための研修・新たな試験を実施す
るのが難しいという事情から、早期昇給という専門職へのベネフィ
ットは廃止されている。

　一方で、早期昇給の恩恵はないものの第二公用語があれば、コミ
ュニケーションの幅が広がり、勤務地の選択肢や応募できる職種も
広がることには変わりはない。また、前述のように、面接に呼ばれ
る可能性も高くなる。語学のクラスで一緒に学んだ人たちは良い情
報源であることも多いし、国連内部での階級に関係なく楽しい仲間
になる。

新たな学位やスキルの習得

　また、国連に就職してから新しい分野を学び、新たな学位を取得

することも競争力を上げることとなる。たとえば、リサーチ関係の仕事や統計局などでは、博士号を持っていることが望ましいとされる。もし、そこでの仕事が自分のキャリアにあっているなら、国連に入ってから必要な学位を取得するのも良いだろう。

　国連のような官僚的な職場でも、時代の波は（遅れて）襲ってくる。したがって、日本企業で習得したさまざまなスキル、たとえば、プロジェクトマネジメントや上級エクセルなどは非常に有益である。また、さまざまなアプリやSNSを使い広報の仕事をしたことがあれば、国連の職場にとっても重宝がられる。

　さらに、CPAやCertified Auditorのような資格を持っていることも競争力を上げる。これらの資格が有益だと考えられるなら、あまり仕事が集中しない最初の2年ぐらいのうちに資格を取ってしまうのも良いだろう。

　人の嫌がる仕事を引き受けておくのも後で有用かもしれない。たとえば、採用面接のノート取りや中央審査委員会に出すレポートの下書き、予算の作成などは、その煩雑さゆえに嫌がられる仕事だが、どこのオフィスでもやらなければいけない仕事なので、このような仕事に慣れておくことは役に立つ。

いつもと違う経験をする

　私の個人的経験から言えば、国連でのかけがえのない経験というのは、長く勤務したニューヨークでの経験というよりは、フィールドや長期出張で得た現場での経験であった。第1章で述べたように南アフリカの国連選挙監視団への参加は特別な体験だったが、さまざまな平和維持活動や地域経済委員会での人事業務のモニタリング、人道支援や平和維持活動のフィールドオフィスを管轄する部署へのアサイメントは、通常の業務では気付かないことや経験ができ

たという意味で貴重であった。人脈も広がった。こういう経験は、
これから国連に入る人たちにもぜひ勧めたい。

おわりに

　このように、国連での27年を振り返ってみると、いろいろな出来事があったが、概して幸せなキャリアだった。

　ICUの先輩で上智大学でも国際法を教えておられた村瀬信也先生は、国連法務部で働いたご経験がある。その村瀬先生は、国際機関で成功するためには、努力や才能のほかに「僥倖」が必要だとおっしゃっていた。私もその僥倖、つまり幸運に恵まれた。

　私が国連に就職できたことは、前述したように横田洋三先生によるところが大きいが、ちょうど博士論文を書き終わる時期に国際法分野での競争試験があったこと、また、アメリカン大学での指導教授と私の最初の上司が知り合いであった、という2つの僥倖が重なったからこそ私は国連に採用されたし、子供の頃からの国連で働くという夢がかなった。

　また、国連に入ってからも人間関係に恵まれた。私の入局した当時の人事部は家族的、徒弟制度的な雰囲気があり、新米の職員に対して暖かく接し、わからないことは何でも聞きに行けば教えてもらえた。仕事を覚え真摯に仕事をしていれば、先輩たちが「XXXのポストに応募しなさい」などと言ってくれた。決して早くはなかったけれど、P3とP4へはこうして昇進した。また、ポストが一時的に空席になったときには良く声をかけられ、人事内でのさまざまな職を経験することができた。その後も人事部内外で新しい職を経験するたびに新しい人脈を築くことができたし、良い友人もたくさんできたことは幸運であった。

　私は国連本部で専門職と一般職の採用、待遇の決定、職員規則の解釈と改定、労使問題、訴訟関連の業務を経験し、オフィスと部下の管理をし、平和維持活動やOCHAなどのフィールド人事業務の

経験もしたので、人事の守備範囲は広いほうだった。広汎な経験と
ほかのオフィスの人との良好な関係は、Umojaで未来のビジネスプ
ロセスを定義しその承認を取り付ける際に大いに役に立った。

　一緒に育ってきた同僚や友人たちは困ったときに助けてくれた。
そして、何よりも私が国連で愛したのは、小学生だった私が1964年
の東京オリンピックの閉会式で高揚感と共に感じた国際性が国連
にも存在したということだった。私たち職員は、それぞれが違う色、
形、大きさ、食感、味を持って国連サラダの中身となり、個性と多
様性を輝かせていた。

　この本では、国連に行きつく過程と国連での自分の経験—成功や
至らなかったところ—を包み隠さず描いてきたつもりである。この
ような私の経験がこれから国連を目指す人たちの一助になれば幸
いである。

茶木久実子（ちゃき・くみこ）

国際基督教大学（ICU）卒業。教養学士（1979年）、行政学修士（1981年）、学術博士（1988年）取得。国際法を専攻する。米国ミシガン州 Grand Valley State College に交換留学、BA in Political Science with High Honors（1978年）取得。フルブライト奨学金で首都ワシントンにある Washington College of Law, American University に留学。LLM（1985年）取得。

1987年国連採用競争試験（法律）に合格後、国連事務局人材管理部に法務官として赴任。職員規則の解釈や改定等に携わる。その後、人事官として職員規則の運用、職員の採用などを担当。1997年から2年間ジャマイカにある国際海底機構（International Seabed Authority, ISA）に管理部長として出向。人事の他財務、予算、調達、総務を手掛け、管理部門を整備。1999年に国連本部に戻り人事業務一般、職員とマネージャーへの人事に関する助言、海外オフィスの人事業務モニタリング、現局での人事業務支援等を担当。2006年より ERP プロジェクト人事代表チームリーダーとして新たなビジネスプロセスの構築に寄与。

定年後は、国際民間航空機関（ICAO）と ISA で職員規則と人事政策の改定を援助。上智大学を含む日本の教育機関で国際公務員制度や国際公務員養成のコースを担当。正規ポスト取得を目指す JPO に国際機関の応募書類の書き方や面接準備も指導。

パートⅡ
国際機関へのキャリア戦略

はじめに
国連人材育成のプロになったきっかけとキャリアパス

Ⅰ　グローバル人材育成の専門家として
　　プライベートセクターからの出発

　私は16年間にわたり、ユニセフ、国連事務局、そしてWHOで人事官として、主に人材育成や外部人材登用などの分野に携わってきた。人材は「人財」とも言われている通り、優秀な才能のある人材を積極的に発掘、採用、そして育成していくことが、国際組織開発では重要で、私も熱意を持って携わってきた分野なので、貢献できたことは嬉しく思っている。

　これから、国連・国際機関で私が携わった職務とそこに至るまでの経過をお話ししていきたいと思う。実は私は、40歳のときに10数年働いたプライベートセクターから国連キャリアに転身したので、ミッドキャリアで転職を考えている方々にとって、私のキャリアパスは何らかのヒントとなるかと思う。

　50年以上前（！）、私が中学生の頃、日本の国連への貢献度に対して採用されるべき日本人がとても少ない、という小さな記事が新聞に載っていた。望ましい日本人国連職員数に対して、実際の日本人職員数はその三分の一にも満たないという内容に驚いたことを覚えている。その頃の日本人職員が少ない理由は、主に語学と指摘されていた。英語に加えて、さらに6つの国連公用語、フランス語、スペイン語、ロシア語、アラビア語、中国語のうち1つが話せる人があまりいないので、といったようなことが書かれていたように記憶している。

　国連に憧れる少女だった私は、これはチャンスと思い、中学時代から近くにあったアメリカ人牧師の教会で本格的に英会話を学び、

さらに高校からはお茶の水のアテネ・フランセに入り、フランス語に夢中になるという語学オタクとなっていった。当時のアテネ・フランセは、なぜかラテン語とギリシャ語も履修すると授業料が安くなったので、国連とは関係のない言語も習い始め、周囲にあきれられたりした。後でわかったのは、よほどフランス語圏にある国際機関を目指すというのではないかぎり、英語だけでも国連に入ることができるということだった。いずれにせよ、語学力・コミュニケーション力を高めておくのは良いことで、最近の国際機関の採用傾向では、外部登用や内部昇進のときに第二国連公用語の能力を要求する機関も出てきている。あのときの経験が、どんな語学でも恐れずにチャレンジすれば、誰でもいろいろな言語を習得できるという楽観的な見方を培ってくれたと思う。

　そしてそのうち、国連・国際機関で働きたいという夢は忘れてしまい、異文化間コミュニケーションや文化人類学の分野に魅せられた私は、関連分野のプライベートセクターで働き始めた。もともと私の人材育成のキャリアはアメリカ西海岸からスタートした。1980年代から1990年代にかけて、各国の企業における海外進出や合併／買収が盛んになってきた頃で、幾多の日本企業も海外進出の波に乗っていたが、日本のビジネスコミュニケーションのやり方があまりにも欧米の企業とかけ離れていたので、文化的・対人的、そしてビジネスの手法において軋轢が起こりがちだった。アメリカの企業のトップはいち早く、この問題に気付いて、日本式の思考やコミュニケーションパターンを学ぼうという機運が盛り上がっていた。

　1980年代の終わり頃、私は所属していた外資系投資銀行東京オフィスの総務管理部門の仕事をやめてアメリカに渡り、大学の専攻分野でもあった異文化間コミュニケーションの知識・経験を生かして働きたいと考えていた。その当時の異文化間コミュニケーショ

ン学は注目を浴びつつあった新しい分野で、Going Internationalを合言葉に各国の企業が活発に国際ビジネスを展開しようとしていた時期でもある。そんなとき、私が異文化ビジネスコンサルタントとして雇われたのは、西海岸カリフォルニア・シリコンバレーに本部を置く、クラーク・コンサルティング・グループだった。

創始者のクラーク氏は異文化分野のパイオニアの一人で、1980年から異文化とビジネスの世界の融合をリードして、スタンフォード大学に異文化間コミュニケーション研究所を設立した人物だった。私はこの会社で、異文化マネジメントのコンサルティングやトレーニングに携わった。海外に子会社を持つ米国および日本企業の組織文化改革や技術移転の取り組みをはじめ、文化的に統合されたリーダーシップ、異文化間のチームビルディング、グローバル組織開発に関する経営陣向けのワークショップを企画・実施させてもらったのは、異文化間コミュニケーションの理論を実践的に活用して成果を見られるまたとない機会だった。

まだ20代だった私だが、主なクライアントはアメリカのFortune 500企業や日本の大手企業で、異文化の専門家として経営のトップの方々に助言を求められ信頼されているという手応えを感じた。外資系企業、国際ビジネス、そして国連・国際機関でも、最も重要視されているのがコミュニケーション能力だ。それが、文化を超えてなされるとなると複雑さが加わってくる。文化が異なると思考や決定プロセスが違ったり、日本の場合は「建前と本音」「根回し中心で議論をして決定するのを避ける」というようなビジネス文化があったりする。これが多国籍チームの場合、いわゆるローコンテクスト文化（共通項がない、つまり空気が読めない状況）なので、困難がさらに増すことがある。大切なのは、いかに明確なメッセージを協調的に用い、お互いの文化を尊重して、それらを生かして相乗効果の

あるチームや組織を構築することだ。このプライベートセクターで
培ったファシリテーションやコーチングのスキル、そしてプロセス
全体を見る力が国連・国際機関で人事官として働くときも非常に
役に立った。

　さらに1995年には、クラーク・コンサルティング・グループで
の経験が買われて、ハワイに4つあるITTシェラトンリゾーツグル
ープでトレーニングディレクターという大役を任されることにな
った。当時、ハワイのシェラトンホテルグループは、ワイキキに
6,000室の人気ホテル群と3,500人の多種多様な従業員を抱え、さら
に大勢の価値観も文化も異なったゲストが世界各国からハワイを
訪れる環境に対峙していた。経営陣はいち早く、異文化受容性とセ
ンシティビティがあり、マルチリンガルな従業員を育成する必要性
に気付き、積極的に異文化トレーニングを全スタッフに受けさせて
いた。この試みは、その当時のビジネス業界では先駆者的なもので
あり、米国でも注目を浴びていた。その異文化間コミュニケーショ
ン研修、ダイバーシティワークショップやマネージメント育成トレ
ーニングプログラムを企画、立案そして実行するという役割が私だ
った。

　このシェラトンホテルリゾーツが、異文化間ビジネスコミュニケ
ーションの概念とスキルを体系的に人材育成に使っていることは
当時では珍しく、私の仕事のケーススタディがアメリカの異文化間
コミュニケーションの大学院の教科書にも掲載されたほどだった。
特にハワイのシェラトンでは、本土からのアメリカ人を雇うより
も、ローカルのハワイアンの人々のキャパシティを上げる人材育成
に力を入れていた。ハワイアナ（ハワイのローカルの人々と文化）
あってこそのハワイなのだという確固とした現地主義の精神が感
じられ、私も素晴らしいと思い力を注いでいて、仕事は、それはそ

れは面白かった。

　特に私が取り組んだのは、日米間の系列ホテルのマネージャー候補や若手のスタッフを交換して育成するというSHARE（シェアトレーニングプログラム）で、数か月から1年に及ぶ期間に、ホテル管理はもちろんコミュニケーション力、問題解決能力やリーダーシップ力などのソフトスキルおよび技術手法を学んでもらうというものだ。効果を上げるために、私はシェラトンのハイパフォーマー（業績を上げている人や、パフォーマンスが高い人など）のマネージャーたちを選んで、計画的に数か所の部署を半年かけて回るクロストレーニングを実施し、実際のトップマネージャーたちの仕事ぶりを身近に体感して、行動特性をモデル化して体得するという、実践的な体験的研修を構築した。これによって、各部署の役割と仕事のプロセスの全貌が理解でき、各職場のスタッフとも気心が知れるようになり、相乗効果があった。かなりの裁量権も与えられ、日本のホテルから国際マネージメント研修生として派遣されてくる日本人の有能な若いホテルマン・ホテルウーマンたちも加わり、まるでテレビドラマの「ホテル」さながらに毎日が躍動していた。ちなみに当時の研修生たちは、今ではあちこちの有数なホテルの総支配人や幹部などになって活躍していたり、ハワイでの貴重な学びを生かしてそれぞれの分野で活躍している。当時（1990年代初頭）は、女性研修生は男性研修生よりかなり短めの赴任期間と規定されていたが、後に語学力も仕事ぶりも素晴らしいので赴任研修期間が伸びたことは喜ばしかった。女性のエンパワメントのために、積極的に海外赴任をキャリア構築に生かすのは素晴らしいと思う。

Ⅱ　国連への転職のきっかけは介護が必要になった母

　そんなシェラトンハワイでの仕事は5年近くになり波に乗り、子

供が産まれてからもキャリアウーマンとしてバリバリ働いていた。娘が3か月の頃から住み込みのお手伝いさん兼ナニーに子育て・家事の全面をサポートしてもらって、思う存分好きな仕事ができて順風満帆だった。ところが、ちょうど私が40歳になったそんなある日、日本にいる私の母が脳出血で倒れ、失語症を発症し介護が必要な身になってしまった。一人娘なので、ほかに介護を頼める兄弟姉妹はいない。こんなとき、大家族のインドネシア人の夫が羨ましかった。多忙の中をやりくりして、私はハワイから弾丸旅行などで行ったり来たりして面倒を見ていたが、時間的にも体力・気力的にも限界を感じ、思いきって母をハワイに連れてきて一緒に住み、療養させることにした。

　実は当時、日本ではこのような脳損傷と失語症のリハビリテーションがあまり発達していなかったのか、日本の病院ではこれ以上言語能力や状態が良くなることは3％もないと担当の医者に言われ、絶望的になっていた。しかし、ハワイに母を連れてきてみると、ハワイ大学医学部の言語療法科がモニターとして、無料で日本人の言語療法大学院生の治療を1年間定期的に受けさせてくれた。アダルトデイケアに預けなければ仕事に行けなかったので探したところ、あなたのお母さんはまだ若いから回復する可能性が大きいので、介護の低い活動的な人たちのグループに入れようと言ってくれた。ハワイということもあって、日系人のご老人も多かったのですぐに溶け込め、母はメキメキと快復し、予想をはるかに超えて言語能力も戻り始め、一人でワイキキを闊歩して買い物をしたり、私のオフィスに立ち寄ることもできるようになっていった。

　いろいろあったが充実したハワイ生活の中で、母の病をきっかけに昔抱いた「国連で働く」という夢を思い出した。人生何が起こるかわからないと感じ、一度きりの人生だし、ぜひ昔抱いていた夢で

ある国連・国際機関で世界規模の問題解決の一端を担ってみたいという気持ちがふつふつと湧いてきたのと同時に、インドネシア人の夫の国には私たち親子をサポートしてくれる親戚がたくさんいたので、もしかしたら大好きなインドネシアに住むことができるかもという期待も出てきた。ハワイを離れるのは辛かったが、試しに国際機関に応募してみることを思い付いた。

　でも、どこから手を付けたら良いかまったくわからない。1990年代後半は、インターネットが普及し始めて数年といった頃、情報収集も限られていた。今のように国連キャリアセミナーとか情報満載のWebページなどはあまり存在していなかったので、何とか自力でリサーチしているうちに、国連といってもいろいろな機関が存在するということ、空席公募を見つけそれぞれ各機関に応募書類を送付しなければならないということがわかった（昔は今のように、オンラインで応募するシステムがなかった！）。国際機関で働いたことのなかった私の売り物といえば、アメリカで培った国際人材育成や異文化組織開発のエキスパートの経験、および英語をはじめとする語学力だった。

　そしてたまたまフィリピンのマニラにある世界保健機関（WHO）西太平洋地域事務局に私の職歴に合うような人事官（人材育成担当）の空席公募を見つけた。それは、P3レベルの人事担当官というミドルレベルのポストだった。試行錯誤の末、国連パーソナルヒストリーフォームという応募書類（通称PHPまたはP11と呼ばれる）に、今までの自分の職務・経験・成果をアピールするように詳しく書き込み、応募してみた。何度も書き直したその一通の応募書類が採用担当者と後に私の上司となるWHOマニラの地域人事チーフの目に留まり、2か月後の2000年初旬に最終審査に残ったという通知が届き、マニラまで対面での面接に呼ばれた。

　当時のWHOはコンピテンシー面接に移行する前だったので面接は従来型のものだったが、ディレクターレベルなどの方々との5つの個別面談もあったりして、結局マニラには2日ほど滞在した。その際、WHO地域事務局やマニラの雰囲気を知ることができて、やはりかなりアメリカのプライベートセクターと違うという感じがしたものだった。以前、アメリカ西海岸のクラーク・コンサルティングに雇われたときのインタビューは、コンピテンシー面接に加えてプレゼンテーションやロールプレイをさせられるという密度の濃いものだったので、その経験が効を奏したのか何とか初めての国際機関の面接も乗り切り、ハワイのホテルから国連機関へ、それも家族と介護の必要な母を連れて、という今考えるとちょっと無謀な転職がかなったのだった。

　さて、現在の国連機関での日本人職員数はどうなっているのだろうか。昔よりは増え、現在、約8万人の国連・国際機関の職員のうち、今では約960名強ほどの日本人職員が各機関で活躍している。しかしながら、まだ望ましい数の日本人職員数には達していない。50年前と異なるのは、語学のハンディというよりも、変化しつつある国際機関採用手法への理解・対策やネットワーキングのスキルが不足していることが原因に挙げられると思う。国連でプロフェッショナルとして働くためには、語学力、修士号、専門的分野の知識や経験、そしてソフトスキル・コミュニケーション力等が不可欠なのだ。加えて196か国にまたがり、さまざまな異なる機関と世界的なグローバル問題解決というミッションを持つ国連・国際機関は、ほかとは異なる雇用主である。このようなグローバル組織で働くためには、そのシステム、特に採用プロセスを知り、準備する必要がある。

Ⅲ　WHO地域事務局で
初めて国際機関の人事の仕事に携わる

　世界保健機関（WHO）はジュネーブに本部を置く専門機関だ。マニラの西太平洋地域事務局（通称WPRO）は37の国を統括している。WHOは保健衛生の分野における問題に対し、政策的支援・技術協力の実施、感染症の撲滅事業の促進、医薬品等に関する国際基準の策定など必要な活動を行っている。コロナ禍を経験して、みなさんはWHOの存在や役割をすでに理解しているかもしれないが、2000年当時、シェラトンからWHOに私が転職した際は、実のところWHOが一体どのような役割を数ある国際機関の中で担っていて、どのように活動しているのかを知る由はなかった。現在、国連・国際機関を目指す方々に、希望する国際機関が見つかったら徹底的にリサーチして理解することと言っているのはこの経験からでもある。国連システムは巨大な機構で、さまざまなミッションやゴールを持った機関があり、簡単にはその全貌や職務のプロセスを把握できないからである。

　同じ人事や人材育成の分野で働いてきたとはいえ、プライベートセクターからの新参者の私にとって、国際機関での人事の仕事はまったく違っていたので驚いた。まず、スタッフルールや人事ポリシーに基づいて物事を進める必要があるし、人事に関する決定も承認のプロトコル（手順）やプロセスがあり複雑だった。初めての国際機関での仕事で人事官として生き残るには、まず人事ポリシーや規定を知り使いこなせるようになることと、人事以外の各専門部署の仕事やプログラムを理解することだった。さらに、国際機関勤務で難しかったのは、本部、地域事務局、そして国事務所の役割の違いを理解することで、これは後に国事務所や本部で働いてみてからはっきりと把握できた。

　幸いなことに私の上司の地域人事チーフや財務部のディレクターが、右も左もわからない私にメンターとして一から手取り足取り教えてくれた。特に人事ポリシー・規約の読み解き方と人事決定の実施、採用プロセスの詳細など、すべての人事の仕事を体系的に教えてくれた。これは「即戦力の人材」を雇用する国際機関ではあまり起こらないことだったが、当時のWHOは人材育成の分野を強化しようとしていた頃で、内部に専門家がいなかったので、私のような外部人材を取り込み育てようと考えたのかもしれないが、ありがたいことだった。

　当時のWHO地域事務局は、スタッフ・ディベロップメント（人材育成）のプログラムがなかったので、初めに私が取り組んだ仕事は、WHOスタッフ開発タスクフォースチームからの提案やインプットを取りまとめ、分析し、事務局全体の研修・人材育成ニーズアセスメントを行うことだった。どのレベルの職員も自己開発に深い興味を示していたので、ニーズに基づいたスタッフ開発・学習プログラムを構築し、キャリアカウンセリングなども実施したところ好評だった。さらに、現地職員の採用システムの変革も必要だったので、有能な応募者を集めるためアウトリーチを拡大したり、さまざまな改革に試行錯誤しながらも取り組んだ。私自身にとっても、公衆衛生、パンデミックや保健分野のプログラムの重要性に対する理解を深めさせてくれた職務ともなった。

　特にWHOで学んで今でも役に立っていることに、国際機関のポストのレベルを決定する職階級を分類するクラシフィケーションのスキルが挙げられる。これは職務記述書（Job Description）を作成した際、一体どのレベルに該当するかを、職務の難易度、複雑さ、仕事相手のレベル・重要度などを分析してポストレベルを決定する仕事である。高度な分析力とそのポストの機関内での役割や職務そのも

のへの理解度が必要とされる、いわば職人的な知識でもあるので、ジェネリック（包括的）な職務記述書を各機関が使うようになってから、年々クラシフィケーション分析ができる人事専門家が少なくなっている。私にとって、この知識がいまだに役立っているのはキャリアコーチングのときで、たとえばP2レベルからP3の上のポストに応募したい方の応募書類にアドバイスをする際に、P3レベルで求められている職務の幅、深さ、複雑さがわかっているため、類似レベル経験や関連業績を引き出して入れ込むように勧めることができるので、効果的な応募書類の準備の手助けが可能なことだ。

　さて、国際機関にキャリアチェンジをするきっかけをくれたWHOだったが、1年ほど勤務した頃、ユニセフ・ジャカルタのP3の人事官の空席広告が出たのを見つけた。これこそ、私が夢に見ていたインドネシアの国連機関での人事の仕事だったので、躊躇なく応募した。普段なら、ユニセフの人事官の方々にとって、インドネシアという国事務所は大きくて魅力的な勤務地でもあり、人気がある上、ユニセフの人事規定・プロセス・ガイドラインを熟知している内部人材を好むのだが、このときは違った。当時、インドネシア国事務所で問題が生じて、現地職員とインターナショナル職員との間に大きな軋轢が起こり重大な局面を迎えていた折だった。そこで、多分インドネシア文化や言葉を良く知っていて、現地職員にも中立的に受け入れられ溶け込みやすい、私が選ばれたのかもしれない。

Ⅳ　ユニセフ・ジャカルタ国事務所への移籍と　　初めての緊急援助

　私にとって夢の勤務地であるインドネシア、それもユニセフのような現場や受益者に近い機関の国事務所で働いてみたかったので、

私の心は舞い上がった。何のネットワークもないまま直接応募して、書類選考と面接に受かり採用されたのだが、1つ要因となったと思うのは、当時、私のWHOの上司が離任した後に来た、臨時で配属された元地域人事チーフの方が、たまたまユニセフの採用側の人事チーフと信頼が厚い昔からの知り合いで、私のことを聞かれたときに、非常に素晴らしいと推薦してくれていたことのようだ。国連・国際機関の世界は実は狭いので、知り合い同士が情報交換をすることが多々ある。自分の日々の何気ない行動やオープンな人間関係を築く努力が、良い評判の構築につながるということが実感できた経験でもある。

　さて、ジャカルタ事務所での仕事は、同じ人事官とはいえ、WHOでの地域事務局の仕事とはまったく違っていた。ユニセフの中でも大きい国事務所での仕事は、人事とはいえユニセフの各プログラムを深く知り、それぞれの専門分野が求める人材像を理解することが大切だった。さらに、私のP3のポストは何十年もの間インドネシア人の現地職員が担ってきたものだった。私が最初のインターナショナル人事オフィサーということで、私に期待されていたのは、やはり組織・業務改革だった。しかし、私が人事官として到着した頃は、ある出来事があり国事務所の雰囲気はピリピリしていて、チームワークとはほど遠いインターナショナルとナショナルスタッフが分断された時期だった。

　何も知らずに着任した私がまず取り組んだのは、ギスギスしていたオフィスの雰囲気をポジティブなものに変化させるために、国事務所の代表と共に、積み重なっていたさまざまな問題を1つずつ、タウンホールミーティング（対話集会）やオープンコミュニケーションで解決していくことだった。幸い地道なチームビルディングの努力が実って、オフィスの状況はだんだんと改善されていき、ほっ

と一息つけるようになった頃、人事の改革に乗り出した。最初に手を付けたのは、ユニセフ・インドネシア国事務所の人事アプローチをより効率的で効果的なものに改革することだった。そのためには、ユニセフのプログラムを理解する必要があった。

　ユニセフはもともと、国際連合国際児童緊急基金という名前で、戦争で被害を受けたいろいろな国に対して緊急援助をする目的で1946年に設立された機関だが、インドネシアでは母子保健、栄養、水と衛生、女子教育、子供の保護などの分野でプログラムを展開していた。

　当時 (2001年頃) はプライベートセクターとは異なり、国連・国際機関では、まだ現在のようなコンピテンシーベース面接の手法を用いた採用は行われておらず、幅広い分野から競争力のある質の高い応募者を集める必要があったため、広告手段を再設計し、採用・選考に能力ベースのアプローチを導入した。また現地雇用プロセスを合理化し、採用の平均完了時間がかなり改善された。加えて、バンコクにあるユニセフの東アジア地域事務局の人材開発チームメンバーとして、個人および職業能力開発トレーニングに関する組織人事イニシアティブを展開した。

　インドネシア国事務所に勤務し始めてから、山あり谷ありだったオフィスが平穏になり、穏やかな職務4年目に入ろうとしていた矢先、思いがけない緊急事態がインドネシアのアチェ州を襲った。2004年12月に起こったインド洋大津波は、ユニセフをはじめとする国際機関にとってこれまでで最大の緊急支援活動となった巨大地震と壊滅的な津波だ。10か国以上が被災したが、インドネシアが最大の被災国となり、西部のアチェ州沿岸では約17万人が死亡し、50万人が家を失ったりして被災した。いまだかつてない危機に対応すると同時に、私にとっては初めての緊急援助の体験となった。

文字通り、24時間体制といっても良いくらい、早朝から深夜まで土日もなしの勤務が3〜4か月続いた。ユニセフは、アチェを中心とした被害甚大の地域に迅速に緊急支援物資を送り、水と衛生設備の復旧復興をし、学校の建築や再開、そして津波で孤児となった子供たちの早急な保護活動や支援センターの設立などに力を注いだ。

　エマージェンシーのような人道支援の際には、実は、人事官やその官房系の部署は非常に多忙になる。緊急支援体制を整えるため、多種多様の契約形態で新しくスタッフやコンサルタントを速やかに雇い、巨大な数の出向・出張者のセキュリティクリアランス（保全許可証）リクエストやロジスティックを管轄する必要もあるからだ。一時は、私のオフィスの前には各専門部署のチーフが列になって並び、スタッフの増員のスピードアップを緊迫感を持って訴えるということが起こったりした。

　津波前のインドネシア国事務所は7つのゾーンオフィスを抱えていて103名のスタッフ体制だったのだが、半年後には10のゾーンオフィスと300名以上のスタッフを抱えるまで膨れ上がった。私にとって、かなりストレスのある状況だったが、国際機関の緊急支援の醍醐味に満ちた貴重な体験だった。保健や栄養の専門家のナショナルスタッフたちがジャカルタからアチェに長期出張していたのだが、その中の一人が「こんなにやりがいがあって、自分の知識とスキルが求められていると感じたことはいまだかつてない。もっとこの緊急現場で貢献したい」と涙したことがあった。私は予期せずにいきなり緊急支援の仕事に引き込まれたが、みなさんもキャリアのどこかでこのような究極の国際支援の現場を体験しておくことができたら、学ぶことは多々あると思う。

　さて、インドネシア国事務所もかなり落ち着いてきた頃、私は次の自分のキャリアディベロップメントについて動こうと考えてい

た。最初に国連キャリアへ転身したときから、人材育成のプロとして自分自身のキャリアステップを計画していた。それは地域事務局、国事務所、そして本部と３つのレベルの仕事を経験してみたいという考えからきていた。WHOでは技術支援と政策指導の拠点である地域事務局で仕事をし、ユニセフ・インドネシア国事務所では多岐にわたる実際の現場でのプログラムのダイナミズムを経験することができたので、次はぜひ本部勤務をして、どのように国際機関全体の人事戦略や政策が構築されていくのかを見たいと思ったのだった。国連・国際機関職員ならば、一度はあのマッチ箱のようなニューヨークの国連本部ビルで働いてみたいと思うかもしれない。ちょうどその頃、国連事務局の人的資源担当事務次長補（Assistant-Secretary General）のオフィスにP4の人事計画官のポストの募集があった。これは、いわば国連での人事のトップのほうの仕事を補佐する役割で、当時国連の人事改革も進められようとしていた矢先なので、応募を決意した。

　もちろん自分の国連キャリア構築の目標に加えて、家族のことも考えての決断だった。当時、娘は13歳になろうという頃で、ジャカルタのインターナショナルスクールに通い、インドネシア人の私の夫の家族にも暖かく囲まれて穏やかな暮らしをしていた。けれど、ジャカルタは日本のように自分で電車に乗ったりして行動できる都市ではなかったし、もっと活動的で自立したティーンエージャーになってほしいと私は感じていた。さらに、ニューヨークには国連が創設した国連インターナショナルスクール（UNIS）もあり、高等部を終えるときには国連総会の会議場で卒業式が行われる慣習があるということで興味深かった。通常ならば、ユニセフ国事務所からほかのユニセフのオフィスへ応募するのが普通の流れなのだが、上記の理由で国連本部で働いてみたいという希望が強かったので

応募し、運よくこのP4の人事計画官のポストを得ることができた。

Ⅴ　国連事務局ニューヨーク本部で国連人事改革に携わる

　ニューヨークの国連本部に赴任する際、ユニセフの上司や事務所長の勧めもあって、ユニセフから国連事務局への2年間の出向（セカンドメント）という形で契約してもらうことにした。そうすると、ユニセフの内部職員としてのステータスが維持できて、2年後にユニセフのポストに応募する際に有利になるし、また戻って来られる可能性も大になるというのが理由だった。国連本部の組織文化や仕事のプロセスは、ユニセフとはかなり異なるというので慎重に心の準備を進め、ニューヨークへと飛び立った。娘は突然の転校を強いられ、親しんだ友人や先生方とも離れることになりショックを受けているようだったが、後にニューヨークで中学・高校時代を過ごしたことは自分の成長にとって非常に良かったと述べている。

　加えて、脳出血の後遺症で障害が残っていた母は、私がニューヨークに赴任する際に国連事務局のビザ委員会に説明書を送り、介護が必要な親族ということで長期家族ビザを国連から申請してもらい、マニラからニューヨークに帯同できた。今振り返ると、2000年にWHOマニラにシェラトンハワイから移った際から考えて延べ16年にわたって、私の海外赴任生活には母の介護と子育てが同時進行していた。心強かったのは、各赴任地でも国際機関のはからいで母のビザを発行していただき、常に一緒に連れて回ることができたことだ。

　ニューヨークの国連本部での仕事は、同じ人事であってもWHOともユニセフともまったく違ったものだった。事務総長（Secretary General）を長とした国連事務局は執行機関で、6つの主要機関の1つである。国連の審議・意思決定機関（総会、経済社会理事会、安全

保障理事会）の議題設定や、これらの機関の決定事項の履行に重要な役割を担っている。そこでの仕事は、4万人を超える職員や各委員会、そして196か国の国連加盟国と調整していくという複雑さを持つゆえ、国連事務総長の仕事は「世界で最も困難な仕事」と言われたりする。私が着任した当時の事務総長はガーナ出身で国連職員叩き上げのコフィ・アナン氏だった。

　当時、私の部署のトップだった人的資源担当事務次長補（Assistant-Secretary General）は、アイルランド人の女性で元ユニセフ職員でもあった。この事務次長補の職務は、国連全体の人事戦略および基本方針、そして事務局全体における人事管理プログラムを指導し、国連事務総長と上級幹部に対して人事と組織文化に関わる助言と支援を行う立場にある。加えて、人事管理に関する事項について、加盟国およびオブザーバー国、政府間機関、国際機関、国際公務員委員会およびメディアを通じた国際連合システム組織の代表者との間で、事務総長を代表し対処する役割を持っていた。折しも、国連人事改革をという声が上がっていた頃で、彼女はかなりなプレッシャーの中で激務に対峙していた。

　前述のような重責を担う彼女の人的資源担当事務次長補の仕事は多岐にわたったが、オフィスの機能上、外交的で洗練された英語の「ドラフト力」が不可欠な職務だった。私が経験したWHO地域事務局やユニセフの国事務所で要求される英語文書とはまったく違った高度なレベルのものだった。とにかく、同じ部署のシニアの人事官に教えてもらい、必死で過去の応答文書のサンプルを日夜読み込み、書き方・表現の仕方を頭に叩き込んだ。特に丁重でなおかつ確固とした見解・決定や情報を論理的で明白にかつ外交的に伝えるように書く技術はここで学んだように思う。このように、ここでは今までの私の人材育成の経験を強みに生かして活躍できるど

ころか、改めて国連事務局での物事の進め方や文書のまとめ方のプロトコール（手順）、その様式や型を習得した時期だった。

　1年もたたない頃に、時のアイルランド人の事務次長補がリタイヤし、新しいニュージーランド人の事務次長補が任命された。その頃は "Investing In People" と呼ばれる国連人事改革が行われようとしているときで、私もこの人事改革に携わる機会を得た。新しく任命され、事務次長補レベルになると自由に組閣のようなことができる。つまり、自分の部下のチームを再編成することができるのである。私は前の事務次長補に雇われたので、部署替えを提示されて国際職員採用部に移籍し、主に政治局（Department of Political Affairs, DPA）のP4やP5ポストのリクルートメントを担当した。これが思ったより面白く、私は解放されたような気持ちで勤務に精を出していたのだが、事務総長肝煎りのあるパイロットプロジェクト（試験的企画）も任されて、これがかなり困難な職務で試行錯誤の毎日が始まった。

　その新しいパイロットプロジェクトとは "First Track Pilot Project" と呼ばれ、事務総長のコフィ・アナン氏が第61回国連総会で、過少・無代表国の職員増強の訴えに応えて職員増強のため特別な採用措置を打ち出したものだった。簡単に取り掛かれるものではなかったため棚上げされていたものが、どうも私が移籍したので、過少代表国日本から来た私に白羽の矢が立ったらしい。誰もやりたがらなかったことが私のところに来たとも言えるかもしれない。国連機関においては、分担金比率に比し国連職員数が少ないあるいは皆無の、過少・無代表国の問題が深刻となったりする。日本のみならず、たとえば当時はスイスなども過少代表国で、アンゴラに至っては一人も国連職員を出していなかった。

　そこでアナン氏が打ち出したのは、このファースト・トラック・

プロジェクトで、P4 および P5 レベルのいくつかのポストを選び特別指定して、過少・無代表国のみで空席広告を出し候補者を募り、採用プロセスを経て特別ロースターを作成するというものだった。つまり、そのロースターから国連職員に採用できるようにし、それらの国々の職員増強を図るというものだ。こう言うと簡単なようだが、受け持った私はたった一人で、この初めてのプロジェクトを実現させる必要があった。一番の問題は、各部署の部長たちを説得してP4とP5レベルのポストを輩出させることだった。もちろん、自分たちの部の大切なポストを差し出すことには大きな抵抗があったらしく、メールや文書で事務総長の名前を出して依頼しても、返事はなしのつぶてだった。私の強みの1つに「折れない心」があって、無視されたとがっかりするよりコミュニケーションを取ったほうが良いと考え、とにかく足繁く各部署に顔を出しディレクターと面会を取り付け説得を続けたら、なんと11ポストが手に入り、ファースト・トラック・プロジェクトができることになった。

　そこで、過少・無代表国各国の国連代表部のためのブリーフィング会議を設定し、この11のポストは彼らの国のために特別指定されているもので、これらの空席広告を自国で宣伝して、適切な応募者を募ってもらうように協力を要請した。もちろん、過少・無代表国はこの試みを自国の職員増強につながる道だと歓迎した。このように滞りなく進むかに見えたファースト・トラック・プロジェクトだが、第一次書類審査で問題が浮き彫りになった。国連・国際機関の採用プロセスの第一歩は、国連の応募用紙 (UN Personal History Profile: 通称P11) とカバーレターを提出してもらうのだが、過少・無代表国から319名の応募者があり、資格は満たしており経験的にも遜色はないものの、応募書類の記述に関連性や具体性がなくてなかなか第一次審査に通らないことに気が付いた。当時は国

連・国際機関からのアウトリーチチームの活動があまりなく、応募書類や面接のコツが外部の人たちにはわかりにくかったせいもあるかもしれない。

　国連に応募したことがない方たちが多数だったのもあり、ほとんどの応募書類が具体性に欠け、荒削りな感じだった。その中で、森林管理系のP5のポストに、森林管理で博士号を取得しその分野で高い経験がある応募者がいた。応募用紙も職務・業績の書き方の質も良く、行動力もありそうな適材で非常に良い専門家に見えたが、採用パネルは詳細を熟読した後、ふるい落としてしまった。何とか第一次審査を突破してもらいたいと、採用パネルにいた私はなぜかと説明を求めたところ、このポストの最低職務経験条件の中に「サンプリングの経験が必ず必要」と明記されているが、この応募者の応募書類にはサンプリングの経験がどこにも書かれていないという答えが返ってきた。私が、博士号の研究過程でサンプリングはしたことがあるのではと畳み込むと、応募書類に「書かれていないものは存在しない」し、推測で応募者がこの経験を保持しているとは決められないと言われた。

　まさにその通りで、最低条件を満たしていなければショートリスト（次の段階に残されること）がされない。過少・無代表国の問題は、ただ応募できる機会を特別に作るだけではなく、国連の特殊な採用プロセスや応募に関するコツを伝授しない限り解決しないとつくづく思ったものである。このプロジェクトは多大な努力の末に、アンゴラ国籍の応募者が受かり、アンゴラが無代表国から過少代表国になり小さな成果はあったが、その後私は国連キャリアアウトリーチ活動を通して、受かる応募書類や面接の手法、秘訣を積極的・具体的に説明していくことになる。特に、スイス政府やそのパートナーの国際協力団体である The Swiss Center of Competence for

International Cooperation（CINFO）は非常に熱心だったので、何度かスイスにも行き、国連キャリアセミナーや実践的な応募の仕方のノウハウをシェアしたところ、スイス人職員が躍進した。その後、さまざまな過少・無代表国で実践的なキャリアワークショップを行ったりして、採用へ至る応募者を増やすことに力を注いだ。

Ⅵ　ユニセフの新しいリーダーシップ育成プログラムの立ち上げ

　そして、瞬く間に２年間のユニセフから事務局への出向期間が終わろうとしていた。国連事務局での仕事や組織文化にも慣れ、良い同僚にも恵まれ、もうユニセフに戻らなくても良いかもしれないとも思ったが、やはりユニセフの現場での仕事の面白さが脳裏をかけ巡り、戻ることを決意した。戻ると言っても、自動的に戻れるのではなく、やはり空席を見つけて応募して、面接で勝ち抜いていかなければならない。ちょうど、同じニューヨークのユニセフ本部に人事マネージャーのポジションが出た。これは、タレントマネージメント部の中にあり、緊急援助ができる人材のロースターを管轄する職務が主なものだった。津波での経験から、いかに緊急支援の際、迅速に人材を動かす必要があるかということを深く感じていたので、応募することにした。面接はコンピテンシー・ベースド・インタビューで、過去の行動や業績を述べてポストへの適切な人材であるとアピールするというものだった。久しぶりの採用面接を滞りなく乗り切り、ユニセフへの帰還を果たした。

　歩いてほんの数分のところにあるNY国連事務局とユニセフ本部なのに、やはり仕事のペースや進め方がまったく違っていた。ユニセフのほうは、常にバタバタといろいろなタスクが同時進行で起こるという、いわゆるマルチタスクの手腕が求められるような職場

で、事務局のほうは、仕事のペースはゆっくりだがあらゆる面を考慮して手堅く調整しながら進めるという、機転と外交術が必要とされていた。古巣に戻った私は、ユニセフ本部の役割を学びつつ忙しく働いていたが、あるとき転機が訪れた。ちょうど、緊急支援人材ロースター構築のプロジェクトが単調に感じられてきた2008年に、当時のアン・ベネマン事務局長の音頭で、人事部に、特に外部人材にフォーカスした、新しい人材育成イニシアティブを構築するようにとの指示が出た。予算も2年間で400万米ドル付くとのことで、新進気鋭の素質ある外部人材を発掘し育成するプログラムを立ち上げるという画期的なものだった。

　人事部内のシニアリーダーたちの間からいろいろな議論や提案があったようだが、いずれも部署の職員の増員などのアイディアに留まり、「人材育成」の枠組みは顕著に出てきていなかったようだ。そこである日、私の人材育成分野での経験を知っている人事部長に呼ばれ、このイニシアティブの提案書（コンセプトノート）を書いてみるように要請された。そこで、以前プライベートセクターでも行っていたタレントパイプライン（後継者人材候補のプール）の概念を使って、優秀な外部人材を計画的に発掘し育成できるようなタレントマネージメントのシステムを考えてみることにした。まず、国連・国際機関という組織の採用システムは、少しでも国連内部や関連機関で働いたことがあるほうが有利となる。なぜなら、国連人材としての即戦力感を出せる体験や知識があるからだ。すると残念なことに、外部の優良人材をなかなか取り込めないというジレンマが出てくる。これは、私が国連事務局のファースト・トラック・プロジェクトを行った際に気付いたことだった。ほんの少し国連のことがわかってガイダンスがもらえれば、国連職員になって活躍できる人がたくさんいたのを見て、非常に残念でもったいないと私は思

っていた。

　刻々と世界情勢が変化する時代に、いざ良い人材が必要というときに単に代わりを補充するだけでなく、必要な職能に合致する「高い能力と意欲を兼ね備えた人、いわゆるハイポテンシャルな人材」を探し出して、将来のリーダーのタレントパイプラインとして育てるようにしていく必要があると考えたのだった。そこで、このプログラムの名前をどうしようかと一晩寝ないで考えた末、ネティ（The New and Emerging Talent Initiative, NETI）という名前が思い浮かんだ。さらに、プログラムの目的としては国際レベルで5年以上の職務経験があり、P3レベルで活躍できる優れた外部人材に世界中にアウトリーチをして応募してもらい、特別なアセスメントセンター方式で選抜するという流れにした。加えて、新入職員導入オリエンテーションがあまり充実していない国際機関が多い中で、ネティに選ばれた者は、ユニセフのニューヨーク本部での1か月の集中オリエンテーションやワークショップ等を通じて、ユニセフの業務についての知見を深める機会を得ることができるようにした。その後、世界各国の国事務所に1年間配属され、コーチやメンターがつく上、ニューヨーク本部の人事部が定期的にカウンセリングを行ったり特別勤務評価を行うという、至れり尽くせりのプログラム概要が生まれた。

　このネティの提案書をまとめて人事部長に提出してからしばらく後、人事部で部局の再編成が行われ、なんと、私のポストがNew Talent Unitのリードとして独立した課となった。加えて、ユニセフには当時18か国から85名のJPOが在籍していたが、そのJPO担当と外部人材アウトリーチの職務も兼任となり、私の課には大きな資金が充てられ、仕事が180度変わってしまった。もともとプライベートセクターでは、実践的でインターアクティブな学びの手法を提

供して国際人材育成研修を行ってきたので、私にとってはやりがいのある展開となった。なぜか私の国連キャリアでは、いつも「改革」とか「変革」がキーワードで、常にチェンジマネージメントに携わることが多かったような気がする。組織も企業も個人も、常に変化する世界情勢やデジタル技術の発展に合わせて進化する必要があるが、ヴィジョンがないとなかなか方向性がわからなかったりする。さらに何でも新しいことに挑戦するには勇気がいるし、失敗や批判される覚悟も必要だ。

　このネティ人材イニシアティブプログラムを通して世界各国から選ばれた参加者は、世界各地にあるユニセフの国事務所や地域事務局に配属された。優れたリーダーシップ力の可能性を秘めている有能な方々だったが、本部と離れていた受け入れ現場では、トップダウンで行われている本部主導のプログラムのように映り、配属も本部からの強制的なもののように感じたらしい。ある日、同僚の人事マネージャーが部屋に飛び込んできて、「何だかフィールドオフィスでは君が、知らない新人職員を勝手に自分たちの事務所に配置（パラシューティング）している、と批判しているらしい」と伝えてくれた。これは私の一存ではなくて、ユニセフ組織全体のための人材育成戦略なのにと思い、ストレスを感じた。しかし、批判を気にしていては新しい試みであるパイロットプロジェクトはできない。ここでまた私の「折れない心」で、とにかく「継続こそ力なり」をモットーに5年ほど突き進んだところ、このネティプログラムの参加者の活躍がユニセフ内で顕著になり始め、有能性や貢献度が如実になってきた。

　特筆すべきなのは、このネティプログラムでは、継続的なサポートと密な情報交換を参加者、彼ら・彼女らの上司、メンターやコーチを受け持ってくれる方に提供するという強みがあったことだっ

た。これらすべての関わりのある人々に、詳細で具体的なブリーフィング（事情説明）を行い、それぞれの人材育成における役割を明確にしたことが功を奏した。かなりシニアなディレクターやマネージャーたちがメンターとなってくれたのはありがたかったが、職位が高いからといって人材育成ツールのすべてを熟知しているというわけではないので、その方たちにも効果的なメンターの定義・役目・手法を学んでもらった。さらに、ネティ参加者の上司たちにも時間を取って、プログラムの意図する目的や上司の役割を明確に説明した。つまり、組織・上司・コーチやメンターといった質の高い三者関係（Tripartite relationship）で相乗効果を与えることができ、効果的な人材育成プログラムとなった。

　とても喜ばしかったのは、2012年に私がインド事務所の人事チーフとして赴任したとき、採用パネルで人選を行っていた際、マネージャーたちがある応募者のレジュメを見て、この応募者はネティ出身者だから優秀に違いないと言ったことだった。ネティプログラムを立ち上げた当初の数々の批判やストレスを思い浮かべると、懐疑的な意見を乗り越えて、この人材育成プログラムが「誰もが知っている名の知れた信頼されるものになった」という証であると感無量だった。ここまで到達できたのは、もちろん私のNew Talent課の優秀な研修のプロとも言えるスタッフたちの献身的な働きのおかげである。

Ⅵ　ユニセフ・インド国事務所でのチャレンジ

　さて、ネティ・パイロット・イニシアティブも落ち着いてきた頃、私の娘が無事、ニューヨークの国連国際学校（UNIS）を卒業し、アメリカの大学に進むことになった。子育てが一段落してきたので、ユニセフのカントリーオフィスに戻りたいという気持ちがふつふ

つと湧いてきた。やはりユニセフのプログラムを展開している現場をもう一度見てみたいという気持ちになっていた。ある日、人事部の同僚に今日が締め切りのユニセフ・インド国事務所のP5人事チーフの募集があるけど応募してみたらどうかと言われた。インドは昔から非常に興味のあった国だったので、早速応募してみたら採用されインド事務所への赴任が決まった。

　ユニセフ・インドは数ある国事務所の中でも大規模な事務所だ。なぜなら、インドの人口は世界2位で14億1,200万人、そのうちの4億4,400万人が子供たちで、貧困層は3億5,500万人とも言われている。ゆえに、私が着任した当時、ユニセフはインド全土に向け保健、栄養、水と衛生、教育や児童保護のプログラムなどを展開していて、ニューデリーにあるメインオフィスに加えて、13の州にあるゾーンオフィス（インドでは州オフィスと呼ばれた）に400人の職員と多数のコンサルタントが勤務していた。複雑で大きなプログラムを抱えるインド事務所は、ユニセフの中でも人事官にとって最もチャレンジングな赴任地の1つだった。11人の人事スタッフから成るチームを率い、人員計画・職務設計、人材調達・採用、政策立案・実施、福利厚生・資格、パフォーマンス管理、スタッフ開発を含む人事業務全般の管理を行った。加えて私の職務の中には、人事チーフとして人事に関する複雑な問題をシニアマネジメントと共に解決したり、アドバイスを提供する責任が含まれていた。

　元来インドという国の文化や言語に興味があったことで、大変チャレンジングな職務ではあったが充実した日々を送った。特にニューデリー勤務であっても、それぞれ経済規模も抱える問題もまったくレベルが違う13の州のゾーンオフィスを定期的に訪れて、オフィスのスタッフの育成プログラムやキャリアカウンセリングを行ったり、各オフィスの人事職務の流れの監査や改善を行ったりした

ときは、非常にやりがいがあった。インドの現地スタッフはコミュニケーション力が高く優秀だったが、やはりキャリア構築のスキルを伸ばしたい者が多かったので、面接のスキルアップトレーニングやさまざまなキャリアディベロップメントのワークショップを行い、加えてユニセフ内のストレッチアサイメントと呼ばれる、他の国事務所に短期間臨時で働くプログラムへの参加を積極的にサポートした。その結果、私が勤務している期間に何人ものナショナルスタッフがインターナショナルスタッフに選ばれて、インド国外のユニセフの国事務所に赴任していった。

　プライベートでは、娘はアメリカの大学での勉強を続け、夫は数か月ほどインドで過ごした後、インドネシアへ仕事で戻ってしまった。残された私は、助っ人に夫の妹であるインドネシア人の義妹にインドに来てもらって母の世話の手助けをしてもらうと共に、ほかのヘルパーさんやドライバー、そして守衛の管理も任せることにした。専業主婦歴26年で二人の息子を育て上げた義妹は、私の最強のサポーターとなった。家事を完璧にこなしているのを見て、「妻」がいるとはこういうことなのだ、家事から解放されてなんて楽なんだと実感させてくれた。私たちキャリアウーマンは、仕事・家事・育児とすべてをこなそうとして必死で努力はしているが、やはり誰かのサポートを受けたり手を抜く必要があると思う。そして、それは罪悪感を抱くべきことでもなく、かえってお手伝いをしてくれるハウスホールド・チームと共に成長する機会でもある。

　義妹は、持ち前のインドネシア人特有の人懐っこさで、近所の人たちや大家さん一家とその友人たちなどを魅了し、一大ネットワークを築き上げ人気者になった。さらに旅行に行ったゴアという観光地の教会見学中に突然倒れた外国人の救命をしたり、自分が乗っていたオート力車がベンツに衝突されて、逆に濡れ衣で怒鳴られてい

た運転手の正当性を訴えて警察まで行き、ベンツの持ち主に謝らせてたくさんのオート力車ドライバーたちが拍手喝采をしたとか、ボリウッド映画さながらの行動を見せたり、なぜかヨガの才能を発揮しインド人の師匠についてテレビ番組に出演したりして驚かせた。すべての人を平等に扱う彼女の存在で、お掃除のおばさん、ドライバー、そして守衛の顔がどんどん明るくなり、本当の家族のようになっていった。若いドライバーは日本語クラスに通い、みるみる日本語がうまくなり、私の母と意思の疎通ができるようになった。彼は母のことが大好きで、急病になったとき自発的に夜中に家に来てくれて、母を病院に連れていったほうが良いと本当に心配し、結局母の一命を取り止めたり、義妹が帰国して私がネパールに1週間出張があったときも、泊まりこんで母の面倒を見てくれた。

　このように国際公務員として働くということは、さまざまな人たちと出会い、共に働いたり暮らしたりするので、尊敬の念とお互い様という精神を持って接していくと、良い協力関係のある人間関係を築くことができる。実は「人を巻き込む」というスキルは大切で、対人関係構築の鍵だと思う。そして、これは私生活でもキャリア上でも大切なことだ。いわゆるソフトスキルと言われていて、国連や各国際機関のコンピテンシーの中に必ずあり、応募者に強く求められている資質の中には、チームワーク力、多様性の尊重やパートナーシップ、ネットワーク力が挙げられる。なぜこれが採用の際に重要視されるかというと、テクニカルな知識やノウハウは後から学ぶことができるが、このようなソフトスキルは学んで身に付くという能力ではなく、今まで培ってきた経験や人間関係を通して自然と育つ価値観・行動様式だからだ。いかに知識や高度な技術があっても、このソフトスキル、コンピテンシーが欠如していたら、仕事上での活躍や業績を上げることはなかなかできない。

Ⅷ　国連人材育成に携わってきて、今思うこと

　ユニセフ・インド国事務所での人事チーフを5年ほど務めた後、私は早期退職の道を選んだ。これは国際機関に入った16年前から考えていた私のキャリアデザインの一環で、早めにリタイヤして第二の人生のシナリオを展開したいと思っていたからだった。特に離れ離れが多く、いわゆる行ったり来たりの回遊型の結婚生活を送っていた夫と、もっと時間を過ごしたいと考えたのと同時に、大好きなインドネシアの中部ジャワに落ち着いて、コミュニティレベルで村の人々に貢献したいという気持ちもあった。加えて国連事務局時代から取り組んできた日本人の国連キャリア構築に、実践的なトレーニングやコーチングを通して貢献したいと考えていた。なぜかというと、非常に有能な日本人の方々が最初の応募書類審査で落とされて、面接にすら呼ばれず、採用プロセスのハードルの第一歩を乗り越えられなくて諦めてしまうのをたくさん見てきたからだ。

　このことはとても残念に思っていたので「受かる秘訣」を上智大学の国際公務員養成講座や自ら立ち上げたオンラインスクールなどで伝授し始めたら、採用される人がたくさん出てきた。今では国際機関の職員として、JPOやミッド、シニアレベルで世界各地で活躍している人たちも出てきて、本当に嬉しく思っている。というのも私は、日本人には本来、素晴らしいグローバルマネージャーになる資質があると思っている。勤勉はもちろんのこと、共感力や調整力もあるし、志は高く平等の精神もあるので、ほんの少し専門家としての即戦力感を打ち出し、グローバルコミュニケーション力を高めてもっと自己アピールができるようになると、国際キャリアを築くことも夢ではない。

　私のもともとの専門は、体験型な学びを提供するグローバル人材育成研修・スキル構築トレーニングなので、講義より実践的でイン

ターアクティブなエクササイズを通して、実質的なスキルを身に付けてもらうという教授法を採っている。特にコンピテンシー面接の準備では、答え方のコツや内容の組み立て方のみでなく、目線、声の強弱、ヴォイスピッチに加えて姿勢、ジェスチャーなどの非言語を通して面接で自信やアピール力を発揮できるように、即フィードバックして修正していくことなどもしている。これは昔、私が米国でビジネスコンサルタントだった時代に異文化間ビジネス会議やチームを成功に導くために、プロセスコンサルティング手法を使った経験からきている。「プロセスコンサルティング」は、コンサルタントが学習者・クライアントの成長と学びを、洞察力を用い即座にフィードバックしながら、相手の行動様式をその場で指摘・変容させ、共に解決策を共同創造していくという、非常に効果的なものだ。

　それではみなさんが自分らしい国際キャリアを築けるように、次のチャプターからは実践的な国際機関へのキャリア戦略のノウハウを紹介していきたい。

パリのユネスコ本部で国際機関キャリアディベロップメント円卓会議に出席する筆者

第1章　思ったより身近な国連・国際機関職員への道

Ⅰ　国連キャリアデザインのABC

　キャリアとして国連を考えてみるのはいかがだろうか。

　入るのは少し努力がいるが、採用された後もチャレンジングで醍醐味がある職場だ。でもやりがいはある。グローバルという言葉が当たり前すぎて頭の中から消えてしまうくらい、いろいろな国籍の人々と異文化の環境で、世界のことを考えながら働く現場だ。泣いたり、笑ったり、絶望したり、感動したり、自分の限界を常に超えることを余儀なくされるキャリアとも言える。

　国境を越えて、世界規模の問題に取り組んでいくことは、相互依存に頼る日本にとって大切なことだ。その最前線に関わって働くことができるのが、国連・国際機関職員だと言えよう。

　特に、世界を巻き込んだコロナ禍、そして国際紛争が、私たちすべての人類に与える地球規模の影響を目の当たりにして、国際機関やグローバルキャリアの必要性がさらに求められているときだと思う。今私たちは、真の意味で私たち全員が、そして世界が、すべてがつながっていることを強く認識させられた。

　国際機関で働きたい方々は、たとえば開発、人道、人権、平和構築、貧困撲滅、ジェンダー平等ほか、国際協力に地球規模で携わりたい志が強い方々だ。そして国際機関で働くことの醍醐味はここにある。地球規模の問題に取り組み、さらに自分自身も多様な国籍の仲間と共に、インパクトのあるアクションを目的とする職場で働くことができるからだ。

　さらに、国連・国際機関と言ってもさまざまな組織文化を持って

いるので、自分の価値観に合った自分らしいキャリア構築、生き方、ワークライフバランスを展開できるということも魅力だ。

　国連機関が求めている人材や職種は多岐にわたっている。人権、平和、開発、教育や保健衛生の専門家だけでなく、人事、会計、総務、IT、調達・ロジスティックスなどの官房系の職種もある。つまり、ありとあらゆる職種が存在している。加えて国連にはさまざまな種類の契約形態があり、ポジションのカテゴリーや職階、ポストの場所、国別事務所やプロジェクトの予算、フルタイムか臨時かなどによって契約の期間や条件が変わってくる。したがって、非常に複雑な雇用システムとなっている。

　エントリーレベルでは、ヤング・プロフェッショナル・プログラム（YPP）制度や外務省のジュニアー・プロフェッショナル・オフィサー（JPO）制度を通して採用される道もあるし、数年以上の職歴と専門的な知識があれば中途・本採用として、ミドルやシニアレベルで国連に入ることもできる。特に職員の男女比率50％ずつのジェンダーバランスを目標に掲げる国連機関は、女性にとっては有利で魅力のある職場とも言える。

　そこで、国連事務局キャリアのみならず、さまざまな国際機関や専門機関に焦点を当てて、実践的な国際機関キャリア採用へ至るノウハウと、応募書類やインタビューのスキルアップの仕方などを紹介し、究極のグローバルキャリアとしての国際機関キャリア、その採用へ至るロードマップを紐解いてみよう。

　前述したように、国連職員や国際機関職員は国際公務員だ。国際開発の専門家だけでなく、いろいろな職種やキャリアのオプションがある。選択肢は多岐にわたるが、まずそれらの職種を知りターゲットを絞らなければ始まらない。さらにまったく関連分野での経験がなければ、国連の採用に至るのは難しいので、まずできれば関連

分野での勤務経験を2年から5年積んでおくと良い。たとえば、国際NGO、政府機関、民間コンサルティング会社やシンクタンクで働いたり、実践的な開発業務に携わったり、専門分野の実務を経験するのも国連キャリアにつながる。

　大切なのは、自分を知って、自分の強みを生かせる興味のある分野や情熱を捧げるものを理解し、そこから道を切り開いていくことが満足のいくキャリア人生につながる。

　まず、自分の価値観・強み・経験に基づいて、自分らしいキャリアを考えることから始まる。国連採用への道には、自分の専門の分野、あるいはプロジェクトマネージメントなどに携わり、ある程度の経験を積んでおくことが不可欠だ。なぜなら国連職員は、即戦力として働くことを要求されるプロ集団だからだ。

　キャリアデザインとは、自分自身の職業人生（キャリア）の大まかな方向性をみつけて、伸ばしていくことだ。国連で働くということは、欧米ジョブ型社会で働くのと似ていて、スキルと経験に合ったポストに自分から応募し勝ち残っていかなければならない。そして、そのポストに応じた職務俸給が年齢・男女差なく支給される仕組みだ。これは、従来の日本の年功序列（メンバーシップ型）社会での雇用の在り方とは異なる。

　国連の人事は、五月雨式に欠員が出たポストに対して世界中から応募者を募る。明確な職務内容・条件に基づいて、それに見合った経験・知識・能力・学歴を持つプロフェッショナルを採用していく。昇格も異動も自分で率先して応募を繰り返しながら進めていくことになる。大変なことのように感じるが、慣れてしまえば常に自分の資質の向上に努めながら、グローバルなプロとして活躍し研鑽できるチャレンジングな職場だと言える。

　加えて国際機関は専門家集団なので、年功序列式の昇進ではな

く、専門家として常にスキルアップしていく必要があり、実は世界標準の「スキルや能力を磨ける」職場でもある。もちろんチャレンジングではあるが、専門知識を高めて競争力を付けることができる。変貌が激しい世界情勢の中では、このように柔軟性を持って常に学び直しながら、キャリアを創造していくということ自体がこれから求められている能力なので、日本が次世代のリーダーたちに必要としているスキルでもあると思う。

そして、キャリアデザインとは、自分自身の職業人生のおおまかな方向性を見つけて、伸ばしていくことだ。卒業とか結婚とかの人生の節目に考えながら行われることが多いが、国連グローバルキャリアへの就職に関しては、なるべく早くから考え始めて計画するほうがベストだ。たとえば高校や大学・大学院時代からインターンやボランティアとして途上国などで働いた経験も有利になる。さらに高度な専門性、スペシャリスト力を要求されるのが国連なので、テクニカル（技術的・専門的）なターゲットを絞りつつ、まずプライベートセクターでもNGOでもどこでも良いので、専門家としての実践的な経験を積むほうが良いのは言うまでもない。

Ⅱ　自分らしいグローバルキャリアを見つけるには

自分らしい満足のいくキャリアと人生を構築したいと考えている方は多い。キャリアの後半であれが本当はやりたかったことだと後悔するよりも、今から自分が向かいたい・達成したいキャリアや人生像を思い描き、それに向かった行動を取ることが大切だ。

国連・国際機関キャリアに興味がある人たちにとって、応募以前にキャリアディベロップメントに不可欠なことがある。それらは、以下の3つの事柄である。

（1）　自分を理解する

　　自分の強み、好み、志、そして大切にしているキャリアと人
　生に対する価値観を明確にする
（2）　キャリアコンパス（キャリアの方向性）を見つける
　　おおまかで良いので、自分のキャリアターゲット職種・地域
　を見つけ、キャリアコンパスを見つける。すると、応募したい
　国際機関や専門分野を絞るのが容易になる
（3）　なりたい自分へのギャップを見つけて行動する
　　国連で目指したい機関・職種の要求条件を理解し、ギャップ
　（伸ばしたい部分）を埋めるアクションプランを立て、ユニーク
　な「自己ブランド」を構築していく

　（1）の「自分を知る」とは「自己認識力（Self-Concept、Self-Knowl-edge）」を高めること。

　満足のいくキャリアデザインをするには、自分のキャリアアンカーを知ることが大事。キャリアアンカーは、マサチューセッツ工科大学（MIT）のエドガー・H・シャイン博士が提唱したコンセプトだ。キャリアの言葉の後についているアンカーは船のいかり（錨）のことを意味する。キャリアアンカーは自分らしさ・強みを生かして活躍できる仕事・職種・勤務先を選ぶ、いわば判断基準・指針となるものだ。自分のキャリアアンカーに基づいて、キャリアばかりではなく、人生全体の方向性の舵取りをしていくこと、これが国連機関での職種・希望機関を選択する際に役立っていく。

　キャリアアンカーは真の自分らしい生き方・働き方を考えさせてくれる。他人や社会が求めていることに追従して、なんとなくキャリアの方向を決めるのではなく、自分の価値観・動機・関心・能力・強みなどを見つけるきっかけになる。そうすると自己概念（セルフコンセプト）に合ったキャリア人生の構築に近づいていけるので、より満足のいくキャリア人生が展開できる。

　シャイン博士が開発したキャリア・アンカー・セルフアセスメントは、8種類のアンカーカテゴリーを通して、自分にとって「かけがえのないもの」を自己診断していくものだ。これは自分のおおよその傾向／特徴を知るために役立つ。もちろん、年齢、家族状況、組織での役割、勤務地等によって変化していくものでもあるので、幅広い使い方をしていくと良いかもしれない。

　国連機関には、いろいろな職種があると同時に、本当にさまざまな機関が存在する。国連本体からはじまって、その下部組織のUNDP、UNICEF、WFPなどから、同じ国際公務員のシステム内に属してはいるが、国連からは独立した専門機関（WHO、FAO、ICAO）などさまざだ。

　これが何を意味しているかというと、組織文化（オーガニゼーション・カルチャー）や風土、さらには採用方法などが国連機関によってかなり違うということだ。私自身は、世界保健機関（地域事務局）、国連事務局（本部）、ユニセフ（本部とカントリーオフィス）というように、3つの機関と本部、地域事務局、国事務所を経験したので、組織文化・風土の違いを身をもって体験した。

　一言でまとめると、国際機関の組織文化の違いは、

- ・　ミッションや役割が異なるので、働くペースが違う
- ・　機関によってヒエラルキーの度合いが違うので、同レベルのポストでも任される責任、決定権や動かせる資金の大きさが変わる
- ・　本部やオフィス中心の機関とフィールドベースの機関では、ワークスタイルが異なる
- ・　要求される職務経験の分野やコンピテンシーが違う。たとえばフィールドベースのユニセフなどでは、途上国現場での実際的な経験が重要視される

- ・ 組織ストラクチャーが違う。専門分野における次のレベルの
  ポストの数が多いので昇進の幅やチャンスが大きい組織もあ
  る
- ・ 緊急支援などを行う組織では、職務における自由度や決定権
  が高くなる傾向がある

　以上がおおまかな組織文化の違いだが、国連機関を目指す方々に
は、専門の分野がマッチするならば入りやすい機関やポストからチ
ャンスをつかみ、実際に働いて経験を積み、自分に合った柔軟なキ
ャリアデザインを構築する力と意気込みがあると思う。ただ後々に
職種の方向性を180度変えようとすると、なかなか難しいのが国連
機関だ。狙いを定めるために学生時代にインターンやボランティア
で国連・国際機関の経験を得ると、相手組織そして自分自身のフィ
ット感がわかるしネットワークも構築できるのでお勧めだ。

　早いうちに、各国連機関の組織文化の理解を高め、さらに自分の
能力・願望を含め、価値観・動機そして自分を最も生かせるワーク
スタイルについておおよその自己分析をしておくと、長期的な自分
らしいキャリアデザインを構築するのに役立つ。

　自分のキャリアの方向性を見つけるという意味で、開発途上国で
の現場勤務や緊急人道支援の仕事に惹かれるか、先進国にある本部
勤務に魅力を感じるかなどを考えてみることも大切だ。

　こういったことも気にかけながら、自分のアンカー（キャリア指
標）と照らし合わせるのも良い。けれども、まだエントリーレベル
の方は、自分のキャリアアンカーを明確にできるほどの経験がない
こともあるかもしれない。さらに「自分のやりたいことや夢」を特
定せよと言われても、なかなかできないのが現実だ。自分に合った
キャリア形成の場や夢を効率的に見つけるには、体験的に職種・仕
事を経験することが効果的だと言えよう。

　たとえば、海外では高校卒業から大学への入学前、入学を遅らせ1年間の猶予期間（Gap Year）を取って社会活動をする若者たちがいる。この期間に、国内外のボランティア活動やインターンシップにチャレンジし、専門分野での見聞・経験を深めるシステムだ。これは後に、履歴書に戦略的に組み込まれて「即戦力感」をアピールできるし、ネットワーク構築にも役立つと同時にキャリアに対するより深い自己概念を培うことも可能となる。つまり、アカデミックな場では得ることができないような経験を基にして、実際的な実務力と共にキャリアに対しての洞察力が伸ばせる。

　(2)の「キャリア・ターゲット・コンパスを見つける」というのは、国連・国際機関にはどんな機関と職種があるかをリサーチし、キャリアアンカーを念頭において、自分の得意分野や経験・興味にマッチする職種をリストアップしていくステップだ。自分が本当に携わってみたい職種・分野・地域に近いものを特定していくという努力が必要なのは言うまでもない。

　国連・国際機関の空席への応募は、やみくもになんでも応募したら何とかなる、というものではない。あまり関連性のないポストにむやみに応募し続けると、論理性や判断力を疑われたりするので、ピンポイントで自分の経験・専門性に合った本当に興味のあるポストに目標を定めて応募していくことが重要だ。

　余談だが、ニューヨークにある機関でリクルートメントに携わっていたとき、ある国のK氏という応募者があらゆる空席に応募していたのを人事チーム全員が気付き、そのうち真剣にK氏の応募書類を見る者がいなくなった。なぜなら、彼は自分の学歴・職歴にまったく関連性のないポストに応募し続けていたからである。今ではオンラインでの応募システムが多いので、応募書類にキーワードサーチとかをかけて応募者を選りすぐることができるので、関連のない

空席に応募してもふるい落とされることが多くなってきた。ターゲットを絞っていくことは本当に大切になっている。

　（3）の「ギャップの分析と自己ブランド力の構築」というのは、国連で目指したい機関・職種の要求条件を戦略的に理解し、強みを伸ばすと共に、自分に欠けているギャップ（補いたい部分）を埋めるアクションプランを立て、"なりたい自分"に近い「自己ブランド」を創造することだ。

　「自己ブランド力・パーソナルブランド力」というのは聞き慣れない言葉かもしれないが、実は私たちのキャリア構築に大きな影響を与えるものだ。自分自身のブランド、つまり外向きの評判（Reputation）とも言えるパーソナルブランドは、ネットワーク力などにもつながるので大切なコンセプトだと言えよう。

　ブランドとは大上段に構えるものではなく、実は私たちの存在自体がブランドで、あらゆる情報を外向けに発信している、そのことこそがブランドなのだ。ということは意識的にそのメッセージを強化して、自分の価値・貢献できるスキルや資質をアピールし、新しい自分のイメージを打ち立てることもできると言える。たとえば後の章で詳しく述べる応募書類の準備も大切だが、LinkedIn などのプロフェッショナル・プロフィールも国連機関ではチェックすることもあるので、しっかりとしたブランド力を持った自己プロフィールを用意しておくのも大切だ。

　自己ブランドとは、自分自身の誇れるスーパースキル、つまりユニークなセリングポイント（売り物となる特徴や特技）だ。スーパースキルと言ったが、別に特殊な能力を指すものではなく、自分の得意分野で、誰からも教わらなくても結果が出せるスキルや特徴・知識のことだ。専門家集団の国連・国際機関では、自分がどの分野の専門家で、国際機関が求めている「即戦力感のある専門スキル、

特定の事柄・地域や文化に詳しいか」をアピールすることが大切だ。このように考えると重要なポイントは、自己ブランドは自分の思う通りに管理して表現できる効果的なツールだということである。実は国連の応募書類も、自己ブランドの要素を入れ込むと応募者の認知度や即戦力感が上がり、応募ポストへのマッチ度が高まるので、書類審査突破力やキャリア形成にもつながっていく。

Ⅲ　国連で求められている「即戦力感」とは何か

さてここで、国際機関が求めている即戦力となる専門家 "A person who can hit the ground running right away" とは一体どのような人物を指すのだろうか。

国連職員・国際機関職員（国際公務員）としてのキャリア構築には、国連で求められている経験・スキル・コンピテンシー（優れた成果を生む能力・行動特性）に関する深い理解が不可欠だ。国際公務員が携わる仕事は、社会開発や人権、緊急援助の分野だけでなくさまざまな職種がある。職業の選択肢は多数存在するが、それらの職務・役職（Post）が求めている人材像やコンピテンシー（能力・行動特性）を知らなければキャリアデザインは始まらない。

まず、国際公務員に求められているのは、専門家やスペシャリストとしての技能と行動様式を持つ人物と言われている。たとえばプロジェクトマネージメントに携わる職務において、国際機関人材として理想的な候補者は、レベルの差はあるが以下のようなスキルを保持していることが望ましいと考えられている。

まずどんな職種においても、理想的な「即戦力感」のある候補者とは、

（1）　規定の学歴・語学力、そして専門分野の知識・経験があるのみでなく、

(2)　国際機関での仕事の仕組みやシステムを理解し、

(3)　専門分野のプログラムの戦略的な企画・遂行ができ、

(4)　分析・評価を的確にできるスキルがあり、

(5)　さらに成果・結果をロジカルに報告書・草案にまとめたり、発表できる高度のコミュニケーション能力を保持し、

(6)　機関のミッションのために、ターゲットアジェンダ（対象目標）を動かしていく能力と人を巻き込む人間力を備えた人。

という感じだろうか。もちろんさらにチームワーク力も兼ね備え、キーパートナーと協力体制を築けることも大切だ。したがって、大学や大学院を卒業した後に、関連分野での勤務経験を積み、プロジェクトマネージメントの基礎や対人コミュニケーション力を磨いておく必要がある。専門性や仕事遂行能力が伸ばせるのであれば、さまざまな組織、たとえばNGOやプライベートセクター、あるいは政府・公的機関なども良い経験になるが、途上国勤務の経験があればなお良い。つまり、組織の中でチームの一員としてプロジェクトに関わったり専門的な業務に携わったという経験が大切なのだ。

　ちなみに、エントリーレベルのポストでも、最低2年の専門分野での勤務経験が要求されるし、ミッドレベルでは、最低5年の経験が必要とされるが、全世界から応募する候補者の中には、要求された以上の資格・勤務年数経歴を持った人も少なくない。ゆえに数多くの応募者の中から、面接まで残れるのはほんの数人だ。いきなり準備なしに試しに応募しても、勝ち残れる可能性は少ない。それでは一体どのように準備したらよいのだろうか。

　国連などの国際機関では、いわゆる年功序列とは違い、専門的な実力と経験に基づいて職員が任用される。したがってさまざまな職場環境で、人種、性別そして年齢が違う上司や部下と働くことにもなる。私自身も16年にわたる国連キャリアの中でさまざまな上司

を持った。フランス系カナダ人の女性、ウガンダ人の男性、スウェーデン人の男性、中国人の女性、アイルランド人の女性、タンザニア系インド人の男性、シンガポール人の女性、ケニア人の男性など。それぞれ違ったリーダーシップスタイルだったので苦労した。

部下たちも多種多彩で、スペイン人、フィリピン人、アメリカ人、インドネシア人、インド人、ドイツ人、イギリス人、そしてヨルダン人といったように、性別も年齢も育った環境も、言葉も文化も価値観も違うメンバーとチームワークを組んで仕事をしなければならない。

さらに、多国籍の職員から構成される国連だが、西洋的な価値観ベース(低コンテクスト文化コミュニケーション)で物事が進むので、あらゆることを言語化しロジカルに説明して仕事を遂行する能力が問われる。ここで「奥ゆかし」かったり「控えめ」だったら、即つぶされるような世界でもある。異文化適応・対応力に加えて、ロジカルな思考力と表現力、積極性と力強い発言力、柔軟な物の見方、調整力、交渉力、自己・他者認識力、前向き力のすべてが要求されると言える。これは国連に限らず、多種多様なスタッフを抱える外資系企業や国際企業でも同じだ。

たとえばリーダーシップの定義も、文化によって理想的リーダー像が異なることもあり、資質やコンピテンシーが変化する。特に国際舞台で活躍できるようなグローバルリーダーとなると要求される資質が日本とはかなり違う。一言で言えば、確固とした情熱とヴィジョンに加えて、以下の資質やコンピテンシーが必要とされる。

(1)　異文化に対する洞察力があり、多文化のチームの中で働ける順応力

(2)　戦略的な企画を展開できるロジカルシンキング力(論理的思考力)

　(3)　調整ファシリテーションスキル（合意形成を円滑に運ぶスキル）で組織の内外に変化を促す能力

　(4)　コミュニケーション力・語学力

　(1)の異文化に対する洞察力と対話力とは、国、宗教、階層といったあらゆる文化背景を持った人々を深く理解し、魅了し、モチベートできる能力で、まずは相手がどのような価値観を持って何を欲しているのかを理解する力だと言える。たとえば、国連・国際機関職員は仕事の関係上、いろいろな国の政府関係者、企業／他の国際機関の人々やあらゆるレベルの対象国の市民・住民と知り合う機会を得るが、どの人々に対しても尊敬と異文化の理解に基づいて共感を築く努力をもって接することが大切だ。

　場合によっては異文化間コミュニケーション力を駆使して交渉や説得をしなければならないときもあるが、これも多文化のチームを率いる秘訣だと言えよう。さらに国際会議やミーティングで議論をするとき、自分の考えを言うタイミングを逃しがちなのが日本人だが、弾丸のように飛び交う意見に相手の言葉尻にかぶさるぐらいの勢いで自分の考えを展開できるような度胸もときには必要とされる。

　(2)の戦略的な企画を展開できるロジカルシンキング力（論理的思考力）が必要なのは、国際的な職場ではデータリテラシー（データを理解し、解釈し、分析する能力）や分析能力を使って論理的に自分の思考を伝える力が不可欠だからだ。多国籍／多文化の職場では、各々の価値観、背景、思考、知識や経験がまったく異なるので、究極の低コンテクスト文化環境となり「論理的に言いたいことを言語で常に説明する」必要がでてくる。日本のように高コンテクスト文化で「察する」とか「あうんの呼吸」とか「沈黙は金」が尊重される文化とは正反対の社会だ。

　ここでは語学力はもとより戦略的な考え方を基盤に、目標を達成する方向にチームを率いることがリーダーに求められる。国連に限らず国際企業で自らのキャリアを成功に導くには、リスクを取ってでも成果につながるフラッグシップとなるようなプロジェクトを企画し遂行することが求められる。戦略的なすばらしいプロジェクトであっても、粘り強く幹部役員や上司を説得できないと企画も通らないし、部下やプロジェクトパートナーからも協力を得られない。語学力はもちろん自分の考えを的確にまとめ、主張し、相手をロジカルに説得するということは、つねに論理的に「考え説明する」習慣を培うことだと思う。

　(3)の「調整ファシリテーションスキルで組織の中に変化を促す力」とは、自分がリーダーシップの人材パイプライン（後継人材候補プール）のどの位置にいるかで変化する。たとえば小規模の部署のチームリーダーや課長職だと、考え方の違う部下や年上でマンネリ化した難しい部下をモチベートして、変革への抵抗を軽減し、同じ目標に向かって結束力を促し束ねていくことであり、シニアレベルになると組織運営の手腕と外部に向けての政治的アピール力などが要求される。

　たとえば国際会議で議長になって各国の意見をまとめ合意を構築するとか、何千人もの観衆やスタッフの前でインスピレーション（創造的思考や感動）を与えるようなスピーチをするとか、タフな労働組合との会議で難しい質疑応答を経営側として答え采配をふるうとか、いろいろな高度な影響力と交渉力でリーダーシップを示さなければならないこともある。

Ⅳ　多種多様な国連キャリアパス（キャリアの道筋）

　専門分野と国連での職種がはっきり把握できている方々もいる

が、多数のエントリーレベルや初めて応募する人にとっては、国際機関の職種のリストとか実際の空席広告を眺めたりしても、どのポストが自分にとってマッチするのかよくわからないことが多い。実際、どのような分野（セクター）や業務があって、どのような職務経験が求められているのかがよくわからないからだ。開発・人道支援（緊急対応）分野におけるキャリアの機会は複雑で簡単に理解できるものではない。私にキャリア相談をしにくる方々の中には、自分が今まで構築してきたキャリアや経験・スキルが生かせる職場やポストとはどのようなものかを尋ねてくる方が多い。

　まず国連・国際機関で働くとはどういうことかについて理解することが必須だ。この分野で働くのが初めての方にとって、どのような職種の選択肢やキャリアパスがあるのかを説明したい。

　おおまかに言うと開発援助と人道援助そして官房系の３つの分野（セクター）がある。各国際機関は１つの分野に特化したり、相互関係を持った業務プログラムを展開したりしてさまざまな活動を行っている。初めに自分が興味のあるセクターと主要機関を特定してみることで目指すキャリアパスが浮かび上がってくる。

　自らのキャリアの方向性をまず人道援助、開発援助、そして官房系のどちらから入っていきたいかを考えてみると良い。たとえば人道援助の分野に興味があるとしたら、人道援助の現場で働くということはどういうことか、どのような経験とスキルが必要とされているかがわかってくる。開発援助分野も同様で、対象国の多岐にわたる社会・経済・法的システムやガバナンス（統治機構）の強化に貢献できる醍醐味を感じるかどうかを考えてみる。

　加えて各機関に欠かせない官房系（総務・財務・人事・IT・オペレーション）や広報・パートナーシップ、そしてモニタリング・評価などのクロスセクトラル（セクターを超えた横断的）な分野のプ

ロになりたい方々にとっても、人道か開発のどちらの分野に魅力を感じるかで、応募組織を決めている方が多い気がする。つまり自分の価値観や信条に合った職場・機関を選ぶということが大切だ。官房系はすべての機関に存在する職種で、たとえば私の専門とする人事も人事管理や人材育成という大切な役割を持っているので、機関の間の移動も割と可能なのが官房系専門職と言える。

　開発援助、人道援助、官房系に携わる人材像はかなり違う。なぜならそれぞれ違った仕事の形態・環境やライフスタイルだからだ。各分野への関心・好みは、自分の価値観、性格特性、ワークスタイルに影響されたりする。たとえば人道や緊急援助の仕事の場合、受益者や結果がすぐに見えて実感できることでやりがいを感じる方がいる。一方、長い目で復興や開発に従事して、結果や成果がでるには時間がかかるが、着々と変化・発展していくのを見ることを醍醐味に感じる方もいる。大切なのは自分が心底関心、興味・パッション（情熱）を持って飛び込みたい分野をまず見つけることだ。

　もちろん、最初に緊急・人道支援から国際機関に飛び込んで、フィールドの前線で活躍した後に現場の経験をその機関のポリシーや戦略に生かせるように、地域事務局や本部レベルでのポストなどに上手に移行してキャリアパスを構築する人もいる。また、家族のあるなし、キャリアに年季が入ってくるなどで、加えて別の赴任先や役割を求めたくなってくることもあり、キャリア転換を常に自己認識していくことが大切になってくる。

　ここまでは国連・国際機関キャリアサーチの基礎をカバーした。情熱をもって取り組める分野を発見すること、そしてその分野で専門的な知識と経験を積めるか、または積んできたかどうかが勝負の分かれ目だ。なぜなら、後に応募して面接まで残ったとき、インタビューパネルが追及するのは以下の３点だからだ。

（1）　この応募者は仕事ができるか。つまり、必要な専門知識と経験があるのか

（2）　このポストと機関のミッションに対して深い興味があり、仕事を続ける動機があるかどうか

（3）　この応募者は機関の組織文化・風土にマッチするかどうか。長い目で見て、この機関で将来活躍する人材になるかどうか

　このようにいかに自分のキャリアの方向性を明らかにし、ターゲットを絞ることが必須だとおわかりになると思う。そのためには自分にマッチした国連キャリアターゲットを探し、自分の納得するキャリアデザインに即して、専門性・経験を高めると共に、それを明確に応募書類やインタビューでアピールすることが大切だ。まず自分の関心、専門性、技術的なスキル、特に自分が保持していて国連でも使える「持ち運びができる応用可能な経験やスキル」が何なのかを知ることが重要である。さらに自分にどのような順応性や柔軟性があるか、異文化で働く強みや忍耐力はあるかどうかも熟考する必要がある。なぜならどのように志が高くても、国連・国際機関の仕事に向かない方には、お勧めはできないキャリアだからだ。つまりこの分野で働くには、技術的・専門的なスキルに加えて多種多様な人々と連携を組み、異文化で難問に対峙して、さらにいろいろなジレンマがあっても、前向きに取り組むことが求められるからだ。

応募準備
↑ 多数の空席広告を分析・情報収集し、自分の強化部分 （ギャップ）を明確にしキャリア・アクションプランを作る。
↑ ターゲット機関と職種が求めている実務スキル、知識、 コンピテンシーを理解する。
↑ 目指す国際機関、方向性、 専門性、勤務地、職種を 絞ってみる。
↑ 自分の得意分野・強み・好み・ 価値観やキャリアと 人生のゴール（キャリア・デザイン）を考えてみる。

第2章　誰も書かなかった国連採用メカニズムの裏側

　さて、ここでは、国連・国際機関採用へたどり着くための第一歩である国連・国際機関の採用の裏側、つまり採用側の視点や重視している点をどのように理解するかについてお話ししよう。初めて国際機関での就職に挑戦する方々はほとんど、自己流で応募書類を何とか記述するのに必死だし、経験のある応募者でも関連職務の記入に注力してどのようにしたらうまくアピールできるかということに力を入れがちだ。

　しかし、ここで立ち止まってまずは全体像として国連採用メカニズムを把握することが大切。相手、すなわち採用側が「一番気にしている重要点」を知るということが、非常に効果的な国連就活戦略となってくる。つまり応募書類や筆記試験、面接の準備をする前に、国連・国際機関の採用プロセスの要を理解しておくことが、よりターゲット化した準備につながる。

　まず「採用側の視点」で理解しておく必要があるのは、以下の2つの事柄である。これは、日本の終身雇用制メンバーシップ型の雇用制度の中ではあまり馴染みのない概念かもしれない。ここを理解しておくことで、ライバルに差をつけることができる。

- 職務記述書（Job Description, JD）の仕組み
- 空席公告（Vacancy Announcement）の理解

　重要なのは自分が働きたいと思っている国際機関の採用システムを徹底的に調べ上げ、理解することである。最近では各国際機関はそれぞれ特有な選別手法で採用を行っている。

　たとえば応募書類にCVの提出を求める機関、外部人材には一定

レベルの英語以外の国連言語を要求する機関、後述する通り使われる面接の種類や傾向がそれぞれ異なっていたり、本当にさまざまだ。まずその国際機関の外部向けのインターネットサイトにすべて目を通し、その機関特有の採用・育成・評価に使われるコンピテンシーフレームワークを熟読・理解することをお勧めする。

I　複雑な国連・国際機関の採用プロセスとステップ

　国連・国際機関に応募する前に、まず知っておくべき重要なポイントがいくつかある。国連のキャリアに興味のある人たちのほとんどが、国連の理念について勉強したり、組織図を見たり、応募の仕方の流れを知ったり、先輩方の経験談を聞くということをする。しかし、最も大切なのは、選ぶ側の人々が何に気を使いながら、採用プロセスに携わっているかという裏側の事情を知ることだ。

職務記述書（Job Description）の仕組み

　国連・国際機関の職務記述書（Job Description）を見たことはあるだろうか。しつこいほど職務や分担責任などが詳しく書かれている。日本ではジョブ型の雇用形態は少ないので、このような細部に至る職務記述書をあまり見たことはないだろう。しかし、国連・国際機関や外資系企業ではこれなしには仕事は始まらない。

　それでは、なるべくわかりやすく説明してみよう。まず初めに、ポスト職階制（Post Classification）がどのように職務記述書に影響しているか、ということだ。なぜなら職務記述書の仕組みを理解することが、みなさんの応募の準備と将来のキャリアマッピングに役立つからだ。

　国連・国際機関ポストの職務記述書の内容は、ポストの職務目的、内容、資格、経験年数などに留まらず、以下の6つの項目の度合い・

レベルが具体的に示されている。

　(1)　仕事の難易度

　(2)　複雑さ

　(3)　インパクト

　(4)　独立性

　(5)　組織内外の関係

　(6)　管理責任

　上記の6つの項目が入念に考慮され入れ込まれ、ポストの職階（P1 ～ P5・Dレベル）を決めるファクター（要素）に使われる。各ポストの正確なレベルを決定できる職務記述書は非常に大切だ。なぜなら国連・国際機関の給料体系はポストレベルによって決められるからだ。すでにご存知の通り国連職員の種類は、一般職のGeneral Serviceスタッフと、専門職のインターナショナルスタッフ（International Professional, IP）とナショナルスタッフ（National Professional, NP）のカテゴリーに分かれている。

　かいつまんでおさらいすると、インターナショナルスタッフのレベルはP1 ～ P5までの専門職員とディレクターのDレベルやD以上のシニア幹部職員の職階がある。それぞれの職階レベルを決定するのが、前記6つのポイントファクターだ。

　たとえば、エントリーポストのP2レベルだと監督する部下は付かないか、付いても人数が限られていたりする。P3以上になると事務所の規模にもよるが、一般職スタッフやプロフェッショナルスタッフを監督するポストもある。これはもちろん機関によって違うので一律ではない。

　P2レベルでは、標準的なトランザクションベースの仕事が多く、P3レベルでは、専門的知識を駆使して問題解決するという一段複雑な職務も含まれている。さらに上のレベルにいくほど、接する内

外のパートナーが多様化し、重要な案件を手掛ける職務が与えられるし、独立性も高くなり自分で判断する高度な分析力と決断力も求められる。

　日本人の応募者は求められている職務経験・能力を掴み取り、関連性のある業績を具体的に自分の応募書類に組み込んでアピールすることが苦手のようだ。しかし、前記の仕組みを理解すれば重要なポイントを抑えて、より効果的な応募書類やインタビューの準備につなげることができる。

　よって、詳しいポストの職務内容や同レベル・同賃金（Same level - Same Pay）のように、国連では世界中どこに勤務しても、同じ職階ポストグレードであれば基本給は同じで、さらに地域調整給を加えて同等の給与水準を保てるようにするというのが決まりだ。たとえばニューヨークで働いているP2レベルのAさんとザンビアのP2レベルのBさんの職務内容の難易度や複雑さは同等のものである。

　応募する際に主に資格・経験に目を向けるのも大切だが、前述したように職務内容の難易度、複雑さ等も重要で、これらが職務記述書に明記され指針となる。各ポストグレードの決定は国際公務員委員会（International Civil Service Commission, ICSC）が規定するポスト職階制に基づいて行われている。

　ここからレベル別のキャリアマネージメントを紐解くことができる。もちろん、次のレベルの昇進を目指している国連・国際機関職員にも役立つと思う。1つ上の職階で求められていることを理解することにより、どのような職務経験が求められるかがわかり、部下がいなくてもチームを率いたり、コンサルタントを監督すること、上司や1つ上のポストの人の代理をして経験することなどを通じて、目標の人材像に近づいていくことができる。

Ⅱ　国連キャリアを実現する効果的なアプローチ

　ここで、国連や国際機関に就職できた人たちが実践した効果的な
アプローチについて説明しよう。私は国連機関で人事官として 16
年ほど人材育成に携わったが、私自身が国連に入ったのは 40 歳の
ときでいわば中途入社。それも、ハワイのシェラトンホテルのトレ
ーニングディレクターから WHO という国際機関へという、驚きの
転職だった。そのときから試行錯誤しながら、いくつかの国連機関
（WHO、ユニセフや国連事務局）を渡り歩いてきた経験によって、
「採用につながる」国連キャリア構築の秘訣は、採用側が求めている
事柄と効果的なアプローチを理解することだと痛感している。

　まず秘訣のポイント 1 は採用側がどのような人物を探しているか
を徹底的にリサーチして理解すること。

　これをしていない方々が非常に多い。通常、空席広告を「よく読
んで、理解して」、それから自分の職務経験の中からマッチしたも
のを入れ込んで応募書類を準備すると良いと言われているが、前
述したように国連の空席広告は慣れないと読んでも訳がわからな
い。背景とか職務内容、最低資格、そしてその機関特有のコンピテ
ンシーなど、たくさんずらずらと書いてあるので、一体どれが大切
かがわからないということが起きてくる。

　すると的外れな応募書類になってしまい、せっかく採用機関が求
めているスキルや経験があるにも関わらず、第一関門の書類審査も
通らないことになってしまい、がっかりしてめげてしまう人がたく
さんいる。最初のアプローチは、応募ポストの職務をよく理解する
こと、空席広告を分析すると同時に応募先の機関そして所属先のオ
フィスや専門部署の対峙している状況、チャレンジを調べ上げるこ
とだ。知らない土地に旅行するときは、観光ポイントや美味しいレ
ストラン、気をつけることなどを調べると思うが、それと同じだ。

　内部に詳しい応募機関職員の知り合いがいれば聞いてみるのが良いが、なかなかそうはいかないので、まずウェブサイトを良く読んだり、各機関の国事務所のAnnual Report（年次報告書）やAudit Report（監査リポート）を良く読み込み、応募先の機関・担当部署が苦労している点、今一番大切な乗り越えたいチャレンジなどがあるかどうか調べると良い。

　さらに上司となる人のポストの過去の空席広告をサーチして上司の職務内容を理解し、それがどのように応募ポストにリンクしているか想像力を使って考えてみると、そのポストが求めている「理想の人材像」が見えてきたりする。

　秘訣ポイント2は「自分を知る」、正確に言えば「自分の経験と国連の求めている職務の一致点」を探るということだ。

　何度も言うようだが、国連は専門家集団だ。専門的・技術的なスキルを持っている即戦力、つまり雇ったらすぐに与えられた仕事ができて結果が出せる人を探している。

　リサーチして採用側の求めているそのポスト特有の人材像がわかったら、自分自身の経験とスキルの棚卸しをして、似たような業績・成果を洗い出し、「国連で使える経験やスキル」があるかどうか洗い出してみよう。これはとても大切なことだ。

　ほとんどの方は自分が携わってきた仕事や職務の中で、どれが国連でも応用可能な経験かということが理解できていないことが多い。応募書類の準備のときに、まず現在自分が携わっていることや常日頃ルーティンでしている業務、あるいは自分が大切だと思っている職務から書き始めてしまう。

　このように書かれた応募書類は、応募ポストの求める事柄と擦りあっておらず、たとえて言えば着物のモデルを探している人の前に洋服やジーンズで現れたり、しかも洋服の色と帽子や靴がちぐはぐ

だったらマッチしてないように見えるが、そんな感じで落とされてしまう。採用側もたくさんの応募書類に目を通すので、最初に目に入る半ページで「マッチ度」を測る。応募者がそのポストにマッチしていないと思ったら、最後のページまで読んですらもらえない。

　最後の秘訣ポイント 3 は、当たり前のことだが「書き方」で、私は「Art of Writing（修辞的英語表現）」と言っている。論理的で、洗練された言い回しを使い、「即戦力」感をアップできるような言葉を巧みに使った書き方だ。

　私は、20 年前にシェラトンホテルから WHO へ転職したのだが、応募の際に専門機関である WHO ではどのような英語の言い回しがよく使われているかを表にしたりして、書き方を工夫した。同じような業務をしたことがあったら、ほんの少し単語や言い回しを国連風に変えるだけでも、マッチ度がぐっと上がる。たとえば顧客サービス（Customer Service）の経験があるとして、それをそのまま書くと関連性がなく見えるが、Client Service とか Partnership Buildingのように書けば、関連度が増す。

　さらに「書き方」で大切なのは、個人として達成した業績・成果が明確に記述されていることだ。それも具体性を持たせることが肝心だ。細かくダラダラと背景を述べるのではなく、結果を出したことを数値や類似プロジェクトの規模、そして扱ったパートナー（NGO、政府、他の国連機関）なども簡潔に盛り込み、アピールしていく。

　「書く」位置も重要だ。応募するポストに関連した業務を優先して繰り上げて上位に書きこんだり、アクション動詞（活動的・能動的でポジティブな動詞）を使ったり、洗練された国連流の英語の言い回しを使うことも大切になってくる。語彙の豊富さも見られるので同じ動詞や形容詞は繰り返して使わないことも念頭におこう。

　国連キャリアを実現する効果てきめんの3つのコツをまとめると、以下の通りである。

秘訣ポイント1

　徹底的に、採用側がどのような人物を探しているかをリサーチして理解すること

秘訣ポイント2

　「自分を知る」── 自分の職務経験と国連の求めている職務の一致点」を探ること

秘訣ポイント3

　「書き方」が大切── 論理的で、国連流の言い回しやキーワードを使い、「即戦力」感をアップさせること

Ⅲ　空席公募の分析が勝敗のカギ

　国連・国際機関のキャリアセミナーに参加すると、なるべく公募ポストの職務内容とマッチした応募書類が重要だと言われる。つまり職務で求めている経験や能力を念頭に応募書類の内容をその都度調整するのが定番だと言われるが、実際、内容に合わせたくても、空席公募を読みこなすのが大変なときがある。

　空席公告は、人事部が最新の注意を払って作成している。空席公募は職務記述書と連動しており、書類審査でふるい落とすときの大切な指針となるものだからだ。どの国連機関も空席になったポストは、2週間から4週間の間（各機関のポリシーによって違う）公募を出すことを義務付けられている。また機関によって内部職員向けにだけ先に空席広告を出す規定があったり、最近では公募を出さずにロスターから直接採用する道も開かれてきている。

　いずれにせよ、前述したように公募する際の空席公告には、真剣な努力が注がれている。なぜなら万が一採用プロセスや結果に対す

る異議を唱えたり訴えたりする者（特に内部応募者）が現れたとき
に焦点となるのが、公の場に出された公告の内容に沿ってすべての
応募者を平等に精査したかどうかなのだ。したがって人事部が責任
を持って、その広告の内容が正式に承認された職務記述書に基づい
たものであり、最低限の資格が正しいものであるかどうかを再確認
し、それらを用いて公平な採用プロセスを行う。たとえばP3のポス
トは5年の関連業務経験が必要だが、どんなに優秀な応募者でも関
連経験が4年11か月しかなかったら、5年の最低条件に満たないの
でショートリストすることはできない。

　採用側は、空席公告の最低条件の部分を使って大多数の最低条件
を満たしていない応募者を切っていく。空席広告に修士号が必須と
なっている場合、学士号だけの応募者をふるい落とす。学位の条件
も修士号だけでなく望ましい専攻も記述されている。よく見ると専
攻の並び方がアルファベット順でないことに気付くかもしれない。
この並び方は望ましい専攻の順序を表しているので、よく読み解く
とそのポストに求められている専門知識が浮き彫りになってくる。
さらに、最低条件に「中東での勤務経験必須」とあれば、応募書類の
中に中東諸国で働いたことのある国名なども入れ込みアピールす
る必要がある。このように空席広告で真っ先に熟読すべきは最低条
件の項目と経験で、必須または望ましいと書かれている職務を見
て、保持しているのならその旨を応募書類にしっかりと入れ込むこ
とが大切となる。

　余談だが、国連事務局はほかの機関とは異なり、英語とフランス
語の2か国語で空席公告を出さなければならない決まりになってい
る。私がニューヨークの国連事務局で専門職の採用を担当していた
ときのことだが、空席公告を出す期日が迫っているのに英仏バイリ
ンガルの人事アシスタントが忙しすぎたのか、なかなか迅速に英文

の空席公告をフランス語に訳してくれない。焦った私は昔取った杵柄で自力で英文をフランス語に訳し（会話力は落ちていてもフランス語の読み書き能力は残っていた！）、アシスタントに笑顔で近づき、あなたが忙しそうだから私がざっと訳してみたんだけど、プルーフリード（校正）をお願いできない？とやんわりと頼んでようやく公募にこぎつけた経験がある。芸は身を助くという感じだった。

Ⅳ　第一次書類審査を突破する最強のコツ

　国連・国際機関の空席にはありとあらゆる応募者がこぞって応募してくる。その数はポストにもよるが、エントリーレベルでは200〜400人以上の応募者がいる。もっと専門性を要求するミッドやシニアレベルでも100〜200人前後応募してくる。たくさんの応募者がいるので審査する採用側は、応募資格の最低条件に満たないと思われる応募者の応募書類にはあまり時間をかけない。訓練された人事官は速読で応募書類を選別するスキルを持っている。多忙の職務で限られた時間の中で、的確に理想的な優良人材を見つける能力を身に付けていると言える。まずたくさんの応募者を選別して条件に満たない者をふるい落として、ショートリストの前のロングリストを作成する。

　次の章で応募書類の準備の方法を具体的に説明するが、見逃されている最も大切なコツの1つに、空席広告に記載されている国連・国際機関のキーワードを入れ込むということがある。これは第一次書類審査の最初のステップを乗り越える、まさに鍵となる。このために採用担当者がどのようなキーワードに目を光らせているかを知ることが必要となる。それらのキーワードを見つけ出して入れ込んでいかないと、審査に通らない可能性が大きくなるのはもちろん、最近では、各国連・国際機関ではオンラインで応募書類を提出

させるので、自動で応募書類をスキャンする Application Tracking System（ATS）を使ってワードサーチして、キーワードが入っている応募書類のみを審査するということもできるようになってきている。そのような審査を通り抜け、さらに厳しい採用担当官の目に留まるためには、求められている職務に関連した自分の経験や業務を力強く、採用側が使っている語句と一致するように表現して記載する必要がある。

　基本的なことのように思えるが、自分の応募書類はマッチ度をアピールして記載するのが不可欠だが、これをうっかりと忘れてしまうこともある。実際の例だがあるとき、教育官（Education Officer）に応募する人の応募書類をレビューしていたら、教育（Education）という文字が 1 つもなかったので驚いて指摘したことがある。たとえば、Results-based management（RBM）という成果重視型マネジメントの経験が必要とされているポストの場合、このキーワードと関連する職務経験・業績を前面に押し出して記載すると効果的となる。相手の求めているキーワードを見つける方法としては、空席広告の元となっている職務記述書が手に入るのならそこから紐解くのが一番良いが、同じ職種で同じタイトルの過去の空席広告を複数探して読み込むと、その分野でのキーワードを見つけることができる。

　ただ、もう一度強調すると、ここでいうキーワードとはコンピテンシー（行動特性）のようなソフトスキルではなく、もっと技術的な知識、スキルやノウハウなどのハードスキルを指す。たとえば官房系の予算財務官のポストに応募するとして、この職務で望ましい資格である公認会計士（Certified Public Accountant, CPA）や国際公会計基準（International Public Sector Accounting Standards, IPSAS）の知識を保持していると書くことで、書類審査通過のチャンスがグ

ッと上がる。どのキーワードを記載すると良いかを発見するために
は、応募書類にとって最も大切なその業界特有の技術的なハードス
キルを絞り込む必要があるのは言うまでもない。

第3章　最後まで読んでもらえる英文履歴書（CV）の準備

　前章では、最初の書類審査スクリーニング（選別）を乗り切るコツとして、応募ポストに応じた要となるキーワードを職務経歴書やCVに入れ込むということを強調した。通常この最初の書類審査では最低応募条件とテクニカルフィット（専門知識や最低条件の適合）があるかどうかを見て、ロングリスト（絞り込み前のリスト）を作成する。ロングリストからショートリスト（次のステップへ進む応募者リスト）へは、さらに詳しく応募者の即戦力感や関連業績・成果をじっくりと分析して人数を削減し、10〜15人ほどの有望な候補者に絞る。その後技術的知識を測る筆記試験を行いふるい落されるので、最終ショートリストに残りパネル面接に呼ばれるのは平均5〜8人ほどである。

　まず取り組まなければならないのが、この応募書類の内容の充実だ。これらは締め切りが迫り慌てて準備するのではなく、細心の注意を払って前もって用意しておくことが重要だ。国連・国際機関では英語での高度なドラフト力が必要とされるので、応募書類は応募者の論理的思考能力や書く力のレベルに対して第一印象を与える。国連職務経歴書（PHP/P11）、カバーレターやCVなどは国連キャリアへの鍵を握っていて、人生を180度転換するポイントとなるのでじっくりと準備したい。

　それでは国連採用へたどり着くための第一歩である「受かる応募書類」の準備をシェアしたいと思う。

　応募書類とは、通常、以下の3つを指す。

（1）　英文履歴書（CV）

（2）　カバーレター・モチベーションレター

（3）　国連職務経歴書（Personal History Profile, PHP 別名 P11）
　　　＊最近では各機関がデジタル化してオンラインのE-プロフィールと呼ばれる

全部の国際機関が、3つすべての提出を要求するわけではなく、各国際機関にはそれぞれ特有の条件があるので、ターゲット組織の応募書類の提出リクワイヤメント（条件）を調べておく必要がある。国連・国際機関を目指す方々には、これらすべての3つの応募書類を手元に準備しておくことをお勧めしている。たとえば正規ポストへの応募には、CVといった英文履歴書は要求しない機関でも、コンサルタントの職へ応募する際にはCVを求められたりするので作成しておいて損はない。

　ここで、よく聞かれるCVとResumeの違いについて説明したい。通常、履歴書はCurriculum Vitae（CV）またはResumeと呼ばれ、主な違いは長さ、記載内容、そしてそれぞれの用途だ。CVはラテン語で「人生の歩み」という意味を持ち、学歴・経歴の全容を網羅するため2～3ページの長めのもので、Resumeは特定のポジションに就くためのスキルと資格を簡潔に示すものなので、長さは短く1～2ページのものだ。ヨーロッパではCVという呼称が良く使われ、北米ではCVとレジュメは同じ意味で使われることがある。本書では、英文履歴書のことを「CV」と呼ぶことにするが、レジュメ式の短いものを好む機関と詳細履歴を含んだ2～3ページの長いCVを必要とする機関があるので、事前リサーチが必要だ。お勧めとしては、1ページの短い履歴書と2～3ページの長いものの2種類用意しておくと良いだろう。

　さて、効果的な英文CVについて説明しよう。国際機関によっては、正規ポスト応募にはPHP/P11職務経歴書（E-プロフィール）の

提出だけで、英文履歴書（CV/Resume）を要求しない機関もある。しかし、最近ではコンサルタントや臨時ポストの空席も増えておりCVを送る機会も多々あるので、最強のCVを用意しておきたい。

　最強のCVとは「終わりまで読んでもらえる英文履歴書」ということにほかならない。書類審査は人事部と採用部署が行うことが多いが、応募者が多数いるので限られた時間で応募者をふるい落とすためには、短い時間で履歴書に目を通していく。それも、たったの30秒から1分ほどの短い時間だと言われている。採用側は本当に速読でたくさんのCVを見なければならず、パッと見て判断する。

　したがって最初の半ページで採用側が、この応募者はそのポストやコンサルタント職に対して応募機関が必要としているスキル・経験・資質があると判断しないと、最後まで読んでもらえないことになる。CVの冒頭で、なぜ自分がそのポストにふさわしいのかを注目させることが大切な鍵となるわけで、その中で最も大切なのは冒頭に書くプロフィールステートメントだ。

I　冒頭のプロフィールステートメントが大切！

　プロフィールステートメントとは別名、キャリアサマリーやプロフェッショナルプロフィール、またはエキスパートステートメントと呼ばれる、履歴書の冒頭に記載する簡単な文章（自分のキャリアのスナップショット）を指す。これは、大学を卒業したばかりの方々が良く書く「キャリア・オブジェクティブ」と似ているように思うかもしれないが別物だ。キャリア・オブジェクティブというのはこれから目指したいキャリアについて書くが、プロフィールステートメントは、今まで培ってきた実績・経験・専門性や強み・スキルをアピールする目的で書くものだからだ。

　通常、このプロフィールステートメントというのは、大体3〜4

文の短い段落・bullet points（ブレットポイント）で、簡潔かつパワフルに自分の強みやスキルを打ち出したもので、採用側になぜ自分がそのポストに適しているのか一目でわかるように書く必要がある。いわば映画の予告編のようなもので、採用担当者がもっと応募者の経歴を知りたいとか、次のCVの詳細やすべての応募書類を読み進めようという気持ちにさせるものである。そういったきっかけを生む大切なものとなるので、関連分野の即戦力的な経験スキルを思う存分アピールする必要があるが、ここで書きすぎるとかえって逆効果になる。あくまでもサマリーなので簡潔で明快かつインパクトのある表現が求められる。

　そのポイントとしては、該当する専門分野で何年の確固たる経験があるか、どのような仕事、職務、組織に携わってきたのか、または同じターゲット地域での経験について言及するとぐっとフィット感が増す。たとえばエチオピアのポストであれば、アフリカ地域での経験があると書けば興味を引く。さらに、広告のコピーに似ているが、その専門分野で使われているキーワードを入れ込んでアピール力のあるキャッチーな感じで書いていくということが大切で、最後まで履歴書を読もうという関心を惹くようなサマリーにすることが重要だ。

　この冒頭のプロフィールステートメントの部分は応募ポストが求めている人材像に合わせて、応募するたびに的を絞って書き直しをする。自分の職務経験の中から、応募組織で使えそうな「応用可能な」スキルを強調し、自分はこのポストにマッチしていることを最初の部分でアピールしていく。力を入れすぎて細かく詳細を長く記述する応募者がいるが、これはかえって逆効果となる。よく「Less is more（簡潔なほうが効果的）」と言われるように、採用側は本当に多数の応募者の応募書類に目を通すので、あまり長すぎる記述だと

把握しきれない。

　関心を惹くプロフィールステートメントの作成方法には簡単な公式（Formula）がある。

　［肩書きあるいは専門性タイトル＋主な経験（経験年数・地域・組織）＋主な業績（定量的／測定可能な結果）＋主なスキル／専門知識／独自の価値観（職務や業界に関連するもの）をまとめて、なるべく応募ポストの職務が求めているキーワードを入れ込む］というものだ。実際にプロフィールステートメントをまとめるときは、

(1)　プロフィールのセクションはCVページの一番上、職歴／学歴の上に配置し、採用担当者が最初にCVを見たときに目に入るようにする

(2)　短くまとめる。箇条書きにした２〜５フレーズか、簡単な段落で十分

(3)　何を強調するかを決めるにはポジションをリサーチし、条件・資格・求められている経験をリスト化する

(4)　リストに照らし合わせて自分の関連スキル・知識・実績を要約するいくつかの力強いフレーズを起草する

(5)　最後に、すべての文章をまとめてきれいで、簡潔で、説得力のある文章になるように編集する

　書いたことがない方は、なかなか想像できないと思うので、百聞は一見にしかず、ここでサンプルを見てみよう。

Sample 1 **Operations Officer**

- Innovative Operations Specialist (NOC) with 8+ years' experience in the development sector, focusing in the West African Region, enhanced by a strong academic profile as a Certified Professional Accountant (CPA) gained from London Business School, UK.

- Demonstrated track record of business improvement in UNICEF, highly competent with all areas of Operations and Policy in the bilateral, multilateral and non-governmental organizations in Ghana, Yemen and Ethiopia.

- High achiever with strong planning and organizing abilities, fluent English speaker with conversational Amharic and basic French.

(Adapted from UNICEF Writing Effective Applications page 5, UNICEF)

Sample 2 **Education Specialist**

- Over 5 years of international development assistance experience in Education Programme Management, Policy-analysis and Advocacy, and National Capacity Development in crisis-affected countries such as xx, xx and xxx.

- Highly skilled in building collaborative partnerships and alliances with diverse stakeholders such as local governments, donors, UN agencies, NGOs/civil societies, and academic institutions.

- Well-versed with the latest academic research on Emergency Education, Inclusive Education, Higher Education Leadership and Management.

Sample 3 **HR Officer**

- Hands-on and results-driven Human Resources (HR) Professional with 6+ years of expertise in Talent Sourcing and Development in the UN, public and private sectors.

- Strong business acumen in overseeing all facets of HR business functions and driving the implementation of new technologies to enhance organizational performance.

- Proven history of success in implementing HR change management with demonstrated strength in determining solutions to increase efficiency and effectiveness.

Sample 4 **Child Protection Officer**

- Dedicated Child Protection Specialist with 4 years of professional experience in planning, implementing and managing child protection programmes including inter-agency projects and humanitarian relief in Africa and the Middle East.

- Excellent coordination skills with experience in leading 8 humanitarian agencies as Child Protection cluster Coordinator for the Refugee Crisis and xxx emergency response in xxx.

- Proven track record of strong data analysis skills in humanitarian settings acting as Child Protection information management lead.

　上記は専門性がある程度はっきりしている応募者の例だが、まだあまり専門性が確立していない場合は、以下のような一般的なプロフィールステートメント（キャリアサマリー）でも良い。

Sample 5 Coordinator/PR	**Sample 6** Trainer / Counsellor
• Experienced with a wide range of Public Relations and Project coordination work with diverse stakeholders at multi-levels and in multicultural/international organizations. • Recognized for initiatives, accountability and relating and networking, solution-driven approach, and openness to learning/ • Highly skilled in intercultural communication and international client services and partnership building as well as event/project coordination.	• A motivated, energetic and outgoing individual with strengths in training, counselling and team management. • Focused on bottom-line, well-organized and action-oriented problem solver who thrives on innovative challenges. • Excellent interpersonal skills in a variety of working environments, including public service and research organizations. *(Adapted from "Preparing Resumes and Writing cover letters, page 2" from Career Support Programme Staff Development Services OHRM, UN)*

II　アクション動詞は、応募書類を光らせる パワフルなツール

　受かるCV・応募書類に欠かせないアクション動詞（別名ダイナミック動詞）について話しておきたい。よくキャリアセミナーなどでは、アクション動詞は英文の応募書類には欠かせない大切な要素となっていると言われる。アクション動詞のリストなども手に入れることができるが、今ひとつ使い方がわからないという方が多い。

　その説明をする前に基礎的なことだが、実は英文CVそして国連職務経歴書の中で、I、me、my、we、ourなどの人称代名詞は使わない。履歴書を見る人は、自分のスキルや経験、専門知識、あるいは応募者が働いていた組織や職に関連することだとわかっているので代名詞を入れる必要はない。その代わり動詞を使って職務や業績を記述していく必要がある。そのとき使われるのがアクション動詞、別名ダイナミック動詞と言われているインパクトのある動詞だ。

　日本人の応募者が好んで使うのは、遠慮がちな控えめ動詞、たとえば「Supported」とか「Assisted」「Contributed」といった動詞だ。こ

れらは補佐的な行動の表現で、エントリーレベルの職務記述書には
よく使われているが、この動詞を使ってしまうと積極性や能動性が
低い人のように思われてしまうし、達成度も表現できない。現在進
行形の〜 ing を使って書く人もいるが、これだとアクション動詞の
ように2つ、3つ重ねて使えないので表現のインパクトが落ちてし
まう。

　なぜアクション動詞がインパクトのある動詞なのだろうか。アク
ション動詞を使うと、その人物の行動と達成度がイメージ化して相
手に伝わるからである。ダイナミックな躍動感のある動詞を使うこ
とで、記述している職務の中の責任を明確にして、どんな行動を取
ってどんな結果を生んだかということを、簡潔かつ強力に説明して
くれる。自分の関連した職務能力をビジュアル化し、より強いマッ
チした候補者に見せることができる。

　このパワフルなアクション動詞はどのようなものか紹介したい。
大切なのは、採用側の目線でこれらの動詞を使いこなすことだ。よ
く同じような動詞を使いまわしていることがあるが、同じアクショ
ン動詞を繰り返して使うと、語彙に乏しくて英語のドラフト力が弱
く見えるので注意しよう。力強いインパクトのあるアクション動詞
を使いこなす力は、応募書類はもとより面接のときも役に立ち、良
い印象を残すので大切なコツの1つだ。

　それでは、目的別に使えるアクション動詞を紹介しよう。

アピールするためのアクション（ダイナミック）動詞一覧

補助的な仕事でも、Support や Assist の代わりに以下のアクション動詞を使うと効果的

アクション動詞	日本語訳	アクション動詞	日本語訳
Aided	支援補佐した	Collaborated	協働した
Arranged	手配した	Expedited	進展させた
Generated	生み出した	Facilitated	促進した
Clarified	明確化した	Guided	先導した

リサーチや分析・評価の能力が求められるポストに対するアクション動詞

アクション動詞	日本語訳	アクション動詞	日本語訳
Analyzed	分析した	Investigated	調査した
Collected	集めた	Reviewed	進展させた
Conceptualized	構想した	Organized	組織化した
Evaluated	評価した	Systematized	システム化した

プロジェクト管理能力・業務達成スキルをアピールするアクション動詞

アクション動詞	日本語訳	アクション動詞	日本語訳
Administered	執行した	Innovated	改革した
Achieved	達成した	Managed	管理した
Chaired	議長を務めた	Resolved	解決した
Directed	指示した	Streamlined	合理化した

アクション動詞	日本語訳	アクション動詞	日本語訳
Initiated	率先した	Strengthened	強化した
Implemented	導入した	Spearheaded	指揮を取って実行した
Improved	改良した	Restructured	再構築した
Integrated	統合した	Revamped	改善向上した

チームワークや対人力をアピールするアクション動詞

アクション動詞	日本語訳	アクション動詞	日本語訳
Advised	助言した	Encouraged	励ました
Coached	コーチした	Interfaced	橋渡しした
Coordinated	調整した	Led	導いた
Empowered	力づけた	Partnered	提携した
Enabled	可能にした	Persuaded	説得した

　上記のアクション動詞は1つだけで使っても良いが、2つ重ねて、"Developed and implemented a new state of the art database" のようにしても効果的だ。最後に、特に「説得力のあるアクション動詞」をハイライトして、ぜひ次の機会に使ってみることをお勧めする。

説得力のあるアクション動詞

Spearheaded	指揮をとった	Oversaw	監督した
Collaborated	共同して行った	Accelerated	加速化した
Revamped	刷新した	Strengthened	強化した
Streamlined	合理化した	Orchestrated	組織化した

Ⅲ　CVの職歴は成果ベースで書くのがベスト

　採用側が応募者のCVに興味を持って最後まで読み進むということは、あなたの職務経験・実務遂行能力レベルをもっと知りたいと思ってのこと。インパクトのある履歴書（CV）の目的は、採用担当者にあなたが必要な要件を備えていることを納得させることだ。さらにその職務への適性を探るために、次のステップである筆記試験や面接に招待してもらうことだ。

　CVに現在そして過去の職務を書くときは、成果・実績ベースで関連分野での業績を強調することがベストだ。いかに効率的に物事を達成したかなど、仕事やプロジェクトの成果を示すことが非常に重要だ。

　職務経歴（Work Experience）のスタイルは、一般的に応募者の職歴は逆年代順（最新順）で記載され、職歴の進化に重点を置いて見られる。職歴を書くときに、所属会社・組織の名前を提示した後、長々と勤め先の説明を書く人がいる。日本式の思考だと、自分が働

いていた会社や組織の背景（Context）を知ってもらってから自分の職務を説明したいところだろう。しかし、採用担当者が知りたいのは応募者の会社の概要ではなくて、応募者がどのように経験を積んできて応募ポストの職務が遂行できる能力があるかどうかだ。

この職務経歴の箇所では、

- 応募者がどのようにハードスキル・ソフトスキルを使って結果を出したか。つまり専門的スキルや対人関係・コミュ力を効果的に使って成し遂げたか
- 応募ポストと似たようなプロジェクトや関連職務に積極的に貢献したか
- あるいは、特定の地域・言語・手法に精通しているか

を見るのであって、応募者とその職務の求めている人材像を擦り合わせるという作業だ。

さらに、履歴書（CV）の冒頭のプロフィールステートメントといい、職務経歴の書き方も、いかに応募者が論理的かつ明確に、要点を要約する能力があるかを見られているのだ。

CVのフォーマットは特に決まってはいないが、伝統的な2〜3ページのフォーマットと、1ページで2列のCV（2 column resume）スタイルがある。後者の2列のCVフォーマットは、すべての情報を2つのコラムで紹介するフォーマットのことだ。これは1ページにすべての情報を収めたい人に役立つ。新卒や職歴が3年以下のエントリーレベルの方々には学歴と冒頭のプロフィールを一目で示すことができるので効果的だ。ミッド・シニアレベルの方も、1ページに収まるCVが必要となったらこのスタイルを使えるが、機関によっては2〜3ページの詳細な履歴書を好んだり要求するところもあるので、そのときは通常のCVフォーマットのほうが関連職務の業績をアピールできる。

　長さに関わらず、主に記載する内容は同じで、以下の項目が挙げられる。読みやすいフォントでパッと見て綺麗に整っているように感じさせる見た目も大切なので、気をつけて準備したい。

- 氏名
- 連絡先（電話番号、メールアドレス、LinkedIn プロフィールのリンク、所在地）
- プロフィールステートメント（別名キャリアサマリー）
- 学歴：逆年代順、修士号を学士号よりも先に書く。論文名やアワード（賞）を簡潔に付け加えたりしても良い。キャリア歴が2〜3年の人は学歴を先に、職歴が豊富な人は職務経歴を先に記入しても良い。学歴が、応募ポストが特化して求めているものなら、職務経歴の長短に限らず先に強調して記入（例：保健ポスト− MPH、M.D.）
- 職務経歴：逆年代順（直近の職歴を先）に、役職名、雇用主の組織名、所在地、役職に就いた日、辞めた日、太字や斜体、下線などを使い目立たせるように記載。職務を説明する文は、人称代名詞（I、My）を使わず、ダイナミックなアクション動詞を使い、実績を中心に記載する。現在の職務については現在進行形（実績は現在の職であっても過去形）で、過去に経験した仕事についてはすべて過去形を使う
- ボランティア・インターン経験、活動：ボランティア活動もさまざまあるが、応募機関または NGO やシンクタンク、大学などでボランティアやインターンをしたことは非常にアドバンテージだ。職歴のまだ浅い若い方々にとっては職歴に記載することもできる。ボランティアやインターンをした場合に Terms of Reference（TOR）と呼ばれる職務指示書があるので、それをベースに活動を通して得た「応募ポスト」に生かせ

　る経験を強調すると効果的だ
- **スキル欄**：応募しているポジションに関連するスキルを強調
- **トレーニング**：知識、能力、スキルを向上させるために受講した関連性のあるコースやワークショップを記入する。すべてを網羅すると長くなる人は、関連性のあるトレーニングを選んで最新のものから書いていく
- **言語**：日本語は母国語と記し、英語はFluentと書くことが大切。このFluentとはネイティブレベルで完璧という意味ではない。190か国以上の国籍の職員が働いている国連・国際機関では、英語にアクセントがあったり完璧でなくても英語を駆使して働いているので、控えめに自分の英語はまだまだと思わないことが大切だ。第二国連言語（フランス語、スペイン語、アラビア語、中国語、ロシア語）などを初級でも良いので始めておくと「フランス語：Limited」というように記述できるので、基礎的な知識があることで好印象となることもある
- **特別な資格・証書、ITスキル**：応募する専門分野や部署・ユニットで求められている特別な資格があり、それを保持しているなら簡単に明記しておくと良い。ITスキルは単にMS Office Suitesと書く人が多いが、MS Officeはできて当たり前ぐらいになっているので、それ以外の最新のデジタルスキルを学んでここに記載するとぐっと興味を持ってもらえる可能性もある
- **その他関連情報**：赴任したことのある国々や地域の名前、関連出版物など、応募ポストに求められている事柄で強調したい点

　さて、履歴書に成果ベースの文を書くのに慣れていない人が多い。自分の職歴で達成したことをあまり認識したことがないからか

もしれない。どうしても職務の背景や通常の業務を書くことに意識が向いてしまって、個人の業績・成果が表現できていない文になったりする。そういうときは、今までの職務を遂行した際に「困難」の中でがんばって達成した、数値化できるような「結果・効果」または質的に説明可能な「改良・改善」について書き始めると良い。「困難」の中でと言ったが、どんな困難だったかの背景を長く説明する必要はなく、さらりとアウトプット（結果）を述べ、自分が貢献した「行動」をハイライトすると良い。大切なのは自分の職責を、強いアクション動詞を先頭に簡潔な文章で表現することだ。自分が持っているスキルや強み、そしてその分野で重要であると認識したことに視点を当て、国際機関業界特有のキーワードを取り入れるようにすることだ。

　記述の仕方のヒントは、第5章で紹介する職務の「成果・業績の書き方」を参照してほしい。職務経歴書に書くには長めのものとなるが、そこから応募ポストに関連性が高い職責の成果ハイライトを数値なども入れてCVに使うと効果的だ。

Ⅳ　CVのアピール力を高めるポイント

　ここでおさらいすると、履歴書（CV）のアピール力を高めるポイントは、ポジションの人材像や職務要件を理解することだ。応募したいポスト内容を深く分析・理解して自分の経験や将来の展望と照らし合わせることのメリットとしては、自分に合致しない採用の可能性のない空席への応募が避けられる上、ギャップが明確になるので次の打つ手・アクションを考えられる。繰り返しいろいろな空席を検討・分析することによって、自己分析力・認識力が付き自分自身をポジショニングする力（魅力的な職務遂行能力を保持していることを認知させるための活動する能力）が向上する。培われたポ

ジショニング力はCVのみでなく、職務経歴書やカバーレターを書くとき、面接に臨むときにも照準を絞ったアピール力を打ち出すのに役立つ。

空席ポストに対する自己分析のステップは以下の通りである。

- すべての応募資格は満たしているか？
- そのポジションに必要な能力、スキル、コンピテンシーを備えているか？
- その職務に必要な仕様や経験を十分に理解しているか？
- 自分はなぜそのポジションに興味があるのか明白にわかっているか？
- その業界、専門分野、地域に興味があるのはなぜか？
- その部門やユニットについて十分に理解しているか？
- 今応募することに意義があるか？
- その仕事は、自分の将来のキャリア目標に合致しているか？

前述したように、自分の関連アピールポイントをよく理解し、アクション動詞で表現し、さらに国際機関業界でよく使われる用語を入れ込んでマッチさせたターゲットポストに応募していくと、採用される率がぐっと上がる。「なんでもします・できます」という人材が、柔軟性があると見られて重宝されがちな日本と違って、最も関連性が高く実践的な経験のある人材を求めているのだ。

最近では国連・国際機関の中にもLinkedInを使って潜在的な候補者を探すところも出てきているので、このようなデジタルCVプラットフォームの自己プロフィールを強化する必要が出てきそうだ。採用機関は常に「理想的な最良の人材像」を念頭に、人材発掘に励んでいる。

英文 CV・チェックリスト

CVやレジュメはあなたの第一印象を相手に与え、採用へつながるカギを握っています。

たくさんの応募者のCVをふるいにかけるために、採用担当者が一つのCVに目を通す時間はわずか20秒から30秒くらいです。この短い間に、あなたが最低限の資格を保持しており、次のステップに進むにふさわしい経験・スキルを持っているかどうかを判断するのです。

下記の質問は、あなたのCVが効果的であるかどうか、確認するためのチェックリストです。
さあ、あなたのCVの診断をしてみましょう!

	チェック項目	はい	いいえ
1	CV・履歴書全体のレイアウトのバランスが良く、1～2 ページ以内に収まっていますか?		
2	あなたの履歴書は、スペル、文法、言語のいいまわし（Nuance）などが徹底的にチェックされていますか?		
3	日付やセクションのまとめ方は、一貫したレイアウトを用いていますか?学歴と雇用経験は最新のものから始めに書かれていますか?（時系列の逆）		
4	応募しているポストの職務に対して、関連性の高い職務業績の情報が優先・強調されて上位に書かれていますか?		
5	各セクションの見出しは、セクションに含まれる内容を明確に反映していますか?		
6	読みやすいフォントが一貫して使われていて、フォントサイズも小さすぎず、読み手が理解しやすいですか?		
7	**名前・コンタクト情報:** 自分の名前、連絡先情報（住所、メアド、スカイプ、携帯番号）の詳細が書かれており、ひと目で採用側が連絡を取りやすくなっていますか?		
8	**自己プロフィール:** あなたの効果的な専門性プロフィール説明を冒頭に入れましたか?　これは、専門性やその分野での活躍年数などを記述し、即戦力感をアピールする部分です。		
9	**学歴の記述:** 最新または重要な資格を最初にリストしましたか?　応募ポストに関連する論文や研究があった場合、それらも記述しましたか。賞や奨学金を受け取ったことがあり、それも学位の後に記述しましたか?		
10	**職務の記述:** "I"や"My"を使わずにAction Verbを用いて、自分の業績・成果を効果的にスコープ、インパクトや数値も示してかけていますか?関連性のある職務を優先的に上位に書いていますか?		

11	**その他の幅広い経験:** ボランティアやプロボノ、国連機関でのインターンの経験があり、それらの詳細・業績も記述しましたか?		
12	**スキル:** 応募している空席広告に記載されているスキル、能力、知識や経験の証拠を明確に示しましたか?		
13	**研修経験:** 関連したトレーニングを受けた経験や、Professional Association (学会・専門分野交流団体) のメンバーシップなどを明記しましたか?		
14	**語学:** 語学能力を適切に述べましたか。日本語はNative またはMother Tongue と表記し、英語はFluentとなっていますか? 他の言語能力もある方は、それも加えましたか?		
15	**IT スキル:** 基本的なITスキルの他に、Digital/Online Conference Tools. Social Media, Statistical Analysis, Prince 2, GIS, SAP の知識があるのなら、それらも記述しましたか?		
16	**キーワード:** 空席広告で重要視されて書かれているキーワードが、あなたの履歴書の中に網羅されていますか?		
17	**職務と成果の記述:** ワークヒストリーの部分をもう一度見直してみましょう。現在の職務は現在形の動詞で (現在の職務の成果は過去形を使う) 書かれており、過去の職務と業績は過去形の動詞で書かれていますか。		
18	**スペリング:** 国連は英国英語のスペリングを使いますが、履歴書のスペリングは英国英語になっていますか? (例:program → programme)		

Yes　　No

Yes と **No** はいくつありましたか?　　　　　　　　　　**TOTAL:** ＿＿＿　＿＿＿

Noがある人は、すべてがYesになるまで、加筆修正を繰り返し、完璧なCVにするようにしましょう。

国際機関では書く力・ドラフト力が重要視されます。即戦力の応募者となるためには、履歴書や職務経歴書そしてカバーレターなどを通して、論理的に自分の経験・スキルをまとめる能力を見せる必要があります。

自分一人だけではなく、国際機関のキャリアに詳しい人にレビューをしてもらうことも大切です。

第4章　カバーレターは国連就活の戦略的ツール

　カバーレターやモチベーションレターは必要かと聞かれることがよくある。国連・国際機関の応募書類について、提出要項にカバーレターが必須と明記されている機関と求められていない機関がある。要求されてもされなくても、自分をアピールするカバーレターを1つ用意しておくのが国際就活におけるスタンダードだ。インターンや国連コンサルタント職、外資系・多国籍企業への応募の際も求められたりするので、気を入れて準備をしておくと良い。カバーレターまたはカバーノートは、希望動機と真摯な意欲を説明する良いチャンスだ。ここで、よく聞かれるカバーレターとモチベーションレターの違いについて言及したい。正規・臨時ポストに応募する際に、採用側は同意義で使うこともあるのだが、基本的に私は以下のように説明している。

カバーレターとモチベーションレターの違い

Cover Letter	Motivation Statement/ Letter
カバーレターは、基本的に、応募するポストが要求する資格や経験を、応募者が持っていることを証明するために書く。	モチベーションレターは通常、特別なプログラムやフェローシップ、ボランティアへの受け入れなどに申し込む時に書く。
ポストの職務にマッチした自分のスキル、知識、経験、業績などの情報を盛り込んで、意気込みと候補者としての適材性 (Fit, Match)をアピールするのが目的。	専門的な背景のみでなく、応募者の人となりや将来の展望・キャリアプランも含めて深く知りたいという目的もあるので、カバーレターよりも広く、深く、個人のキャリア目標を説明する必要がある。 (機関によっては、モチベーションレターという言葉をカバーレターという意味で使っている時もあるので要注意)

　なぜカバーレターが大切かというと、応募の際、職務経歴書（PHP/P11）、履歴書（CV）とカバーレターを提出したら、一般的に最初の書類審査プロセスでは、履歴書が最初に見られ、それを通過したらカバーレター、そして詳細を記した職務経歴書の順で精査される。特にドラフト能力を重視する採用機関の人事官の中には、最初にカバーレターを読んでからほかの応募書類を見てふるい落とすというスタイルの人もいる。カバーレターから応募者の論理思考力や英語力がわかるので、チェックしているのだ。カバーレターも細心の心配りで準備をしよう。

　カバーレターを通して、応募者は履歴書だけでは説明できない「モチベーション（興味・意気込み）」、CV準備のときと同じように「遂行能力」、似たような職務で達成した「業績・成果」などの部分を強調するのだが、CVや職務経歴書に書いたことは繰り返さない。それらよりもさらに、関連性と自分らしい強みや経験をハイライトして、もっとパーソナルな観点から貢献したいという動機を述べる。カバーレターは国連就活の戦略的ツールなのである。

Ⅰ　英文カバーレターの準備ポイント

　カバーレターを準備する際に大切な注意点・ポイントをいくつか紹介する。まずカバーレターは同じものを繰り返し使わず、その都度、添削して提出する。それぞれの空席公募の内容に合わせてアップデートする必要があるからだ。そのために応募する空席公募（Vacancy Announcement, VA）を熟読・分析して、求められている資格・経験・能力・職務などを良く理解する必要がある。

　募集広告は、最低の資格（Required Qualification）と望ましい知識・能力・コンピテンシー（Desirable Qualification）が具体的に書かれている。カバーレターではポストの最低条件（学歴・勤務年数・経験・

語学)はクリアしたという前提で、いかに自分が望ましい資質・経験・スキルを持っているかをアピールする。それぞれのポストで要求されるものが異なることもあるので、応募するたびにカバーレターと履歴書も調整する必要がある。

　カバーレターのスタイルにも触れたい。レターの形式ではないメモのようなカバーレターを提出する応募者がいる。やはりフォーマルな手紙形式で書いた方が高い文書能力がある感じで好ましく思われるので、以下の基礎的な正しい書き方はきちんと抑えておこう。

- カバーレターは1ページ以内に収める
- レター形式が整っているか確かめる(自分の氏名・連絡先、日付、宛先機関名、敬辞、本文、結び、サイン)
- きちんとした文章で、3〜4段落(パラグラフ)がバランスよく見えるように書く
- 明瞭な文章で文法の間違い、誤字脱字やスペルミスがないように何度も校閲してから送る
  (国連の文書は英国のスペリングスタイルを使うので留意すること)

　最も大切なのは履歴書の内容を繰り返し書くのではなく、自分の経歴・実績・経験・意欲をプロらしく表現したトーンでアピールすることだ。もちろんキーワードを散りばめるのも忘れずに。

Ⅱ　日本人に多いカバーレターの弱点とは?

　カバーレターに関して、日本人応募者に多い弱点とはなんだろうか?

　カバーレターでは最初のパラグラフの内容がとても大切だ。たとえば自己アピールしなければと思うばかりに、いきなり「私がベスト候補者だ」と宣言のような文章を冒頭の段落に入れる人がいる

が、関連専門分野での経験年数や成果・実績を述べずにベストと言っても、自己アピールにはならない。アピールとは「自分が素晴らしい」と宣言するのではなく、行動と貢献が成果を産んだことを事実（エビデンス）を示しながら、採用側にこの人は好ましい応募者だと確信させるということだ。志望動機も実績に絡めてこのスキルと能力で貢献したいといった感じで書くと強くなる。

　ところがこの冒頭の重要な導入部分に、自分の「子供の頃に途上国の貧しさを見てショックを受けた体験がこのポストに応募した理由」といったような自分の子供のときの心情を長々と語る応募者がいる。日本国内の就活では好まれるかもしれないが、国連・国際機関は冒頭にこのような自分の人生を語りはじめるカバーレターには惹かれないことが多い。彼らが求めているのは、応募者の実務能力と専門分野への情熱、そしてプロとしての志望動機にほかならないからだ。どうしても、志望動機に関わる原体験を入れたいなら、文末に簡潔に職務への貢献の志と共に述べると良いだろう。

　カバーレターではCVよりももっと詳細に自分の実務経験、専門スキルと達成した事柄を応募ポストに結び付けて説明できる。特に、ポジションや組織の文脈で自分のことを話すので、カバーレターではポジションや組織への言及が多ければ多いほど良い。この素晴らしいチャンスを逃さないようにしよう。

Ⅲ　レターコンテンツの組み立て方

　いきなりカバーレターを書く必要ができて、ペンを取ってみたけれど何も思い浮かばない。そう感じたことがあるかもしれない。そこで、効果的なカバーレターの内容を整理するステップをまとめたい。特に気を付けたいのは、冒頭のパラグラフと全体のバランスだ。

　良いカバーレターやCVは一見しただけですぐわかる。有力な候

補者のカバーレターには、パッと見て優れた専門性のある真摯な応募者だとわかる雰囲気があるのだ。それでは、コンテンツの構成要素を見てみよう。

　カバーレターの要素は以下の部分から構成されている。これは基本的なもので、応募ポストの専門分野や応募者の経験によって中身のまとめ方は異なってくる。

冒頭パラグラフ（イントロダクション）

　冒頭のパラグラフは、応募者にとって一番気を入れて書くべきところだ。まずどのポストに応募しているのかをポスト名と空席番号も入れてはっきりと示す。

　さらにポストに応募した理由、関連した重要な経験・専門性や職務年数を簡潔に述べ、有望な候補者だと採用官が印象を持つような内容を明瞭に言及するとベスト。自分がどのような点で候補者に適しているかを述べ、先に読み進もうとする気にさせるのがこの最初のパラグラフの役目だ。

本文（1）

　ターゲットポストに合致するような自分の経験・実績、特に現在従事している関連分野について言及する。似たようなプロジェクトや地域で携わった事柄の成果を語ることが非常に大切だ。その業界や分野でよく使われている専門的なキーワードを入れ込むと効果的だ。現職がなく大学や大学院で学んでいる場合は、論文を書いたとき、フィールドワークを行ったとき、あるいは課外活動で活躍したときに使った「応募ポストでも使える応用可能な」能力やスキルをアピールしても良い。

本文 (2)

　ここではさらにCVや履歴書の内容を補強し、前職の関連経験の中から応募ポストに近い職務の成果をいくつか述べる。特に、経験の深さと幅を説明したり、携わってきた仕事や組織について言及し、どのような経験を身に付けてきたかを記載する。

本文 (3)

　職歴の長い人は、もう1つ段落を足して上記のような内容を書き足しても良い。

末文

　再度そのポストおよび応募機関に対しての関心を繰り返して述べ、経験、アピールポイントを強調する。そして、自分の価値観やキャリアの方向性がその組織とどのように合致しているのか、さらに自分の長所や資質が職務における成功にどのように役立つと考えているのかを力強くまとめる。

結びの言葉

　読んでくれたことに感謝の意を表し自分の氏名を書く。フォーマルな種類の礼儀正しい結びの言葉を選ぶことが大切。

Ⅳ　国連流カバーレターの洗練された文章をまねよう！

　国連・国際機関の仕事は国際公務員の職務で、特有の仕事の運び方やプロトコル（手順や約束事）がある。なぜ採用の際に「即戦力感」のある人材を好むのかというと、このような決まり事やスタイルをある程度知っていると、どのようなメカニズムでワークプロセスが

運ぶのか理解できて、より達成度が高くなるからである。カバーレターのスタンダードから外れて我流で書いていたら、プロトコールへの繊細さがないように見えるので気を付けたい。

　大切なのは、高度の英語のドラフトスキルを示していること、丁寧な編集と校正がなされていること、そして自然で、具体的で、前向きで、自信ある力強い文章で書くことだ。

　前述したように日本式の思考で書くと大きく外れてしまう。ここは英文カバーレターのサンプルをたくさん読み込み、良い言い回し、特に国連・国際機関で使われている洗練された英語表現で書くと目を引く。カバーレターに使うフォントは10〜12ポイントで、読みやすいビジネスフォントを使おう。

第5章　国連・職務経歴書（Personal History Profile, PHP）の準備

　職務経歴書（PHP、別名P11フォーム）は、すべての応募者（内部職員・外部人材両方）に提出が義務付けられている最も重要な書類（正式かつ法的な国連の申請書）だ。PHPは学歴、能力、職業経験、職務、業績、その他関連情報を記載する詳細なフォームで、応募者がポストにマッチした資格を示すことができる重要なマーケティングツールと言える。

　現在・過去の職歴や業績を詳細に記載するため、勤続年数に応じて7〜12ページ程度の長さになるが、今は1,000字や1,500字といった職務内容の記載量のリミット（上限）をかけている機関もあるので、簡潔にも詳細にも臨機応変に書ける力もつけておこう。PHPを書くには、自分のキャリアパス、今まで培ってきたスキルや強みを深く理解する必要があるので、下書き、見直し、そして完成までにかなりの時間を費やす必要があることから、早め早めに準備をしておいたほうが良い。

　国連キャリア構築を実現するには、1. 応募書類の準備法、2. 筆記試験・アセスメントテスト突破力、そして3. 国連流面接スキルを充実させる必要がある。その中でもまず取り組まなければならないのが、この国連職務経歴書（PHP）の内容と体裁の充実だ。ほとんどの国際機関はこの職務経歴書の内容をデジタル化してオンラインで応募者に提出するように求めているが、職務の文字数のリミットやカバーレター・CVの提出も必要かどうかはまちまちなので、ターゲット機関のウェブサイトをチェックする必要がある。

　重要なのは締め切りが迫り慌ててしまい、ターゲット組織・職務

のリサーチをせずにおざなりに取り掛かるのではなく細心の注意を払って用意をすることだ。国連・国際機関では英語での高度なドラフト力が必要とされるので、応募書類は応募者の論理的思考能力や書く力のレベルの第一印象を与える。国連職務経歴書、カバーレターやCVは、グローバルキャリアへの鍵を握っていて、人生を180度転換する手助けになるので、じっくりと準備したい。PHP/P11は、最初のスクリーニング（書類審査）で大切な役割を果たす。人事部やその部署の採用担当者（上司）は、応募者の経歴・実績を空席広告で示された規定にしたがってふるい分ける。応募書類の内容が乏しく論理性に欠け、誤字脱字があると懸念材料になり、ショートリストに残ることができない。PHP/P11のオリジナルを1つ時間をかけて作成しておくと、応募するポストが出たときにマッチするように書き直して使うことも短時間でできるので、よりチャンスが上がる。

　前章では、最初の書類審査スクリーニング（選別）を乗り切るコツとして、応募ポストに応じた要となるキーワードを入れ込むということを強調した。この最初の審査では、最低応募条件とテクニカルフィット（専門知識や最低条件の適合）があるかどうかを見て、ロングリスト（絞り込み前の候補者リスト）を作成する。ロングリストからショートリストへは、さらに詳しく応募者の即戦力感や関連業績・成果をじっくりと分析して、人数を削減し10〜15人ほどの有望な候補者に絞る。その後、技術的知識を測る筆記試験を行いふるい落されるので、最終ショートリストに残りパネル面接に呼ばれるのは平均5〜8人ほどである。人事の規定では、最低3人の候補者がいないと採用面接は行うことができない。最近の傾向では、筆記試験の代わりにビデオ録画面接でテクニカルな質問をして、ショートリストを作成することが行われはじめている。

Ⅰ　インパクトのある国連の職務経歴書（PHP/P11）とは？

　それでは具体的に最強の国連の職務経歴書の内容のまとめ方のコツを見ていこう。最初の書類審査スクリーニングを突破して、100 〜 200 人の応募者の中から「可能性があるかもしれない応募者」を選抜したロングリストに残り、さらにショートリストの最終候補者に選ばれるためには、関連職務経歴があり、自分の貢献度・業績をアピールできるような書き方をしなければならない。

　英文の職務経歴書は、日本式の思考や自分の思いつきで書くとなかなか審査に通らない。日本人の応募者の応募書類に関する弱点は主に以下のことが挙げられる。

- 空席公募の要求内容と応募者の経歴・スキルがマッチしていない
- 簡潔すぎる、謙虚すぎる、または関連性のないことを細かく書きすぎる
- ダイナミックなアクション動詞を使わないのでインパクトに欠ける
- 業績・成果をアピールしていない
- 離職の理由が具体性に欠ける
- 文法、スペルにミスがある
- フォントや大きさが揃っておらず、他からコピペしたのが明白に見える
- I や My を使って記述している（職務経歴書や CV は I、My などの代名詞は使わず、最初から動詞で書いていく。カバーレターは別）

　次のステップの筆記や面接までこぎつけるためには、自分の専門性と成果をアピールしたインパクトのある応募書類が不可欠だ。ところが、特に外部応募者で日本のようなメンバーシップ型勤務の職

務経験のみという方々は、応募書類の記入の際に成果や業績の記入に難しさを感じることがある。なぜなら、メンバーシップ型の職場では仕事内容が曖昧で広範囲に及んだり、別の部署への異動が専門性に関連なくされたりする傾向があるため、個人が自らの専門能力、業績・成果を把握できていないことが多々あるからだ。

　日本の組織・企業の社員の場合、職のタイトルも「スタッフ」「職員」「係員」といったジェネラルなものになりがちだし、個々のポストの職務記述書（Job Description）が存在しない場合もある。さまざまな職務を振られていろいろな業務をジェネラリストとして積むのは有益だが、エキスパート（専門家）としてのプロフィールが薄くなりがちになるのが難点だ。さらに少し困ることが起きてくる。応募書類を書く際に、チームベースでの成果しか思い浮かばず、自分がどのような役割で何に貢献し、何を成し遂げたのか、という明確な記述がどうしても出てこなくなることがある。

　これは外部応募者に限ったことではない。国際機関で勤務経験がある日本人職員でさえ、「業績」をアピールすることが苦手と感じることがある。対策はキャリアターゲットを絞った後、空席公募をよく分析して、その職務（Post）で求められている職務概要を十分に理解することだ。

　その際に、応募する特定のポストやオフィスを取り巻く環境（規模、プログラムの照準・位置付け）を調べるのもとても効果的だ。自分が保持しているトランスファラブルなスキル（転用・応用可能なスキル）と照らし合わせる。さらに、それらのスキルを用いて自分が行動を起こし、達成を促した成果・インパクトを書き出していくと個人ベースの業績が見えてくるし、明確化された業績を国連ポストへの応募書類やコンピテンシー面接（Competency-based Interview, CBI）の際に効果的に入れ込んでアピールすることができる。

II　専門分野、学歴、タイトル、離職の理由、 その他の情報の記述の仕方のコツ

　人事でリクルートメント（採用）に携わる専門家は、応募書類を見る際に特にチェックする箇所がいくつかある。採用側が気にして確認する大切な部分で、これらのチェックポイントのツボが理解できると効果的な応募書類が書ける。たとえば私が日本人応募者の職務経歴書を見るとき、気になるのは以下の質問項目である。

希望する専門分野

　この項目は応募者が国連・国際機関で携わりたい専門分野を指すのだが、初心者はここが上手に書けていないことが多い。オンラインではプルダウンメニューが出てきたりするが、記入式の職務経歴書（PHP）の場合は、自分で書き込むことになる。そこで国連・国際機関にない専門分野や希望職種を書いていたり、たくさんの分野を混ぜて書き込み、広範囲に「なんでも屋」的にアピールしている人がいる。専門分野は空席広告にマッチしたものを入れ込む必要があるし、日本では汎用性があるので重宝される「なんでも屋」的な能力は、書いても効果的ではない。ここは応募ポストにマッチした自分の希望職種を記載する必要がある。

学位と学科の記入箇所

　まず最新の学歴から記入する。専攻を明記し、履修した中に応募ポストと関連性のある分野やコースがあったら付け加えて関連知識があることを示すのも効果的。学位を取得した教育機関がAccreditation（認定）を受けているかどうかを国連・国際機関の人事部が確認する際に、最初に学歴をスクリーニングするときに使うのが、世界中の認定大学を網羅したリストのリンク（http://www.

iau-aiu.net）である。

専門的な学会・協会や活動のリスト

　このセクションは応募者が専門的な交流団体に属しているかを聞いているが、裏を返せば応募者が応募ポスト関連の分野でいかに最新の情報や傾向に精通しているかを示せる場所なので、記入したほうが強い候補者に見えることだろう。

勤務先のタイプ・オブ・ビジネス（業種）

　この項目には職務経験の欄で会社名や機関名を記入した後、どのような業種か書くのだが、ここがよく書けていない人が割と多い。今まで自分の勤務先の業種を英語で聞かれると思ったこともないので仕方がないが、これも事前にリサーチすると的を射た業種名を記入できるので、調べておくことが大事だ。

ポジション・タイトル（役職）

　職務を記入するとき、ポジションのタイトルを書く欄があるが、ここはタイトルを単純に書いて終わりにせず、その仕事の分野や部署を横に書き込むと関連性が増す。たとえば広報のポストに応募するとして、国連でインターンの経験がある場合、単にタイトルを「インターン」と書くよりも、「インターン、広報局デジタルマーケティング部門」と書くほうが採用側の目に付く。

監督・部下の管理経験

　同じく職歴の欄に部下や監督責任の有無を記入する場所がある。この部分も大切な項目である。人数のみでなく、直属に管理した部下のカテゴリー（International Staff、National Staff、Support Staff、

Consultant)、レベルや職務も簡潔に述べてもよい。

　P3レベル（ときにはP2レベルも）のポストは管理責任が含まれ、部下を持った経験が求められたりするので、注意深く記入すること。部下とは直接自分が管轄し、勤務評価の記入を義務付けられたスタッフを指すが、インターンやコンサルタントなどを管理したならば、これらを含めても良い。

離職の理由

　職務内容を書き込むテーブルに離職理由（Reason for Leaving）を書く欄がある。これも割と重要な部分なので2〜3行の説明文を入れても良い。たとえば、ただ「契約終了」と書くよりも「XXコンサルティング会社からのシニア分析官への格上ポストに選ばれ採用を受けた」とか「開発学の修士号を取得するために渡英となり、契約を終了した」などのように説明的かつポジティブに述べたほうが好感が得られる。

出版物

　出版物がたくさんある場合は関連性のあるものに絞って書いたほうが良い。

III　職務と業績の書き方の違い

　応募書類（Personal History Profile/P11）の記述の際に多い問題点は、Duties（職務）とAchievements（業績・成果）が混同されてしまっていることだ。自分の業績や成果を書くのが苦手だったり、思い浮かべるのが難しいと言う人たちもいる。自分の業績を書くのは難しいと言うスタッフは多い。謙遜を美徳とする文化の人たちにとって、自慢しすぎは尊大に見え抵抗感があるからかもしれない。また

グループ志向の価値観がある職場だと共同作業が強調され、自分だけの業績が思いつかないということもある。

　国際機関への応募書類は、自分自身をほかの応募者より際立たせることができるチャンスだ。自分の努力やスキルがどのような実績・結果をもたらしたかを考えてみるとき、今まで各職場で達成感を感じられた出来事や仕事を考えて分析すると浮かび上がってくる。

　ここで、職務と成果の記述の仕方の違いを説明しよう。

Duties（職務）の記述の仕方

　現在や過去の「職務の記述」とは、個人における特定の仕事の具体的な責任を意味している。言い換えれば、それはその職務（ポスト）に就いた人が誰であれ「行うこと・行ってきたこと」、そして「するべき職務内容のこと」だ。たとえば、応募書類に現在の職務の内容（Duties）を記述する場合、以下のような書き方をする。コツとしては、現在・過去に携わった職務記述書（Job Description）または作業要項・業務指示書（Terms of Reference, TOR）を元にタスクや業務を論理的にまとめることが重要だ。

- 応募するポストの内容に関連した業務を優先して上位に書き込む
- 能動的な動詞を用い受動態での説明は避ける
- 現在の職務は現在形で書き、過去の職務は過去形で記述する
- 繰り返しの記述やI、Myで始まる文章は使わない

Achievements（業績・成果）の記述の仕方

　前記の職務内容以外に業績の記述も必要となる。採用する側は、応募者が具体的に何を達成し、どのような成果・インパクトを成し

遂げたのかを重要視するからだ。これは、書類審査に通った後に行われるコンピテンシー・ベースド・インタビュー（CBI）の際にも、いかに自分の行動が良い結果を導きだしたか（あるいは困難を克服したか）というストーリーを述べる能力が求められる。

　ちなみに、業績（Achievements）は現在の職であっても、すでに達成した事柄であるので過去形で記述する。重要な対応策として、業績の記述では、特に応募しているポストの業務に関連性のある業績・成果を記述すると「即戦力」があるように見え、ほかの応募者よりも好ましい応募者と認識される可能性が高くなる。

　実績・成果を記述するときは、なるべく具体的な数値や金額、予算やプログラムの規模、改良度（％）を加えて、信憑性を高めることが大切だ。数量的な結果に加えて、質的な結果も入れ込むと、効果的な働き方ができる有望な応募者像を打ち出すことが可能である。

　次ページに、職務と業績の書き方を表にしたのでご覧いただきたい。実際に職務経歴書（PHP/P11）に書き込むときは、「職務」はまとめて５〜８ bullet points（ブレットポイント）でまとめて記述し、その下に「成果」を、さらに５〜８ bullet points で数値と共に、力強い動詞・形容詞などでハイライトしながら書き込むのが通例だ。これはあくまでも参考のための用例ということで参照されたい。

Example of IT Officer : Duties & Achievements

職務の書き方 (Duties & Responsibilities)

- Direct and design the installation of SQL database infrastructure.
- Maintain and update the UN Radio web page on the internet/intranet with current news and events in the UN.
- Assist in identifying external training opportunities for national counterparts.

業績・成果の書き方 (Achievements)

- Successfully achieved in just 8 months – 3 months ahead of schedule – a complex multi-million dollar project involving the replacement of five (5) systems.
- Spearheaded to develop a new website to promote peace and security issues to the broader public including NGOs, Academias and the private sector.
- Planned and launched 6 training initiatives in 20xx within the allocated budget.

(Adapted from "Writing Your PHP and Cover Note, page 6" Division for Organizational Development, OHRM, UN)

Example of Education Officer : Duties & Achievements

職務の書き方 (Duties & Responsibilities)

- Plan, implement and manage Education in Emergencie (EiE) programme to respond to the increasing humanitarian response needs in the xxx country, particularly for the Internally Displaced Persons (IDPs) and refugee children in the crisis/natural disaster-affected areas.
- Liaise and coordinate with the national government, NGO partners, international stakeholders and Education colleagues in the field offices in the implementation of the Education project activities at both district and national levels.

業績・成果の書き方 (Achievements)

- Effectively took the lead in the Education Cluster and conducted a rapid situation analysis/assessment to develop an integrated response plan for 10,000 IDPs in one of the worst-hit areas. Within 2 months, initiated the "Back to the School" programme at the temporary schools established in IDP Camps benefitting over 3,000 IDP children.
- Directed and managed overall coordination as a focal point and successfully mobilized more than 50 organisations (NGOs, Civil Society and Private Sector) to partner in order to implement the projects in Education in Emergency across the nation.

Ⅳ　推薦者の選び方とレファレンスチェック

　よく聞かれる質問に、国連・国際機関の職務経歴書には推薦者／人物照会者を記述する箇所があるのだが、誰を記載すれば良いかというのがある。なぜ推薦者（Referee）が必要かというと、採用側が応募書類や面接で解読した応募者の経験・スキル・コンピテンシ

ーを再確認すると共に、国際公務員に必要とされているコンピテンシー／ソフトスキル、「価値観」「倫理観」とか「多様性への尊重」といった価値観も含めて、改めて応募しているポストに合致する人物でこの職を遂行可能かどうか確かめるという意味がある。

　ここでは推薦者が単に自ら推薦状を書いて提出するのではなく、各国際機関が特定の質問表を用意し、それを記載された3名の推薦者／人物照会者に送り、Reference Check（身元・経歴照会）を記入してもらう。そのときに大切なのは、自分の今までの働きぶり、努力、人との接し方や職務上での業績などを詳しく知っている人で、英語で書ける／話せる推薦者を選ぶことだ。この身元・経歴照会が行われるときは採用プロセスの最終段階が多く、ここで時間が滞ると採用の打診を出したくても出せない状態になってしまう。ときどき役職が高い、いわゆる「偉い人」を選んで書いている応募者がいるが、あまり自分の働きぶりを知らなかったり、多忙なので照会に時間が取られるためにオファーレターの遅れにつながる。

　3人の推薦人を選ぶとき、できる限り自分の仕事ぶり、功績、スキル、性格を知っている方を選び、男女比のバランスも考えつつ、関係性も考える必要がある。3名の氏名、連絡先、現在の役職を記載すること（退職者の場合、元何々官というように前職のタイトルを書く）。現在または過去の同僚、教授などを選ぶ人が多いが、事前に連絡を取って承諾を得ることが重要だ。国際機関によっては、応募者が記入した3名の推薦人以外の人物や現・前職の人事課に連絡を取って評判を確認することもあるので、常に職場ではすべての人と良い関係を築くことが大切だ。

　近年ユニセフではこの照会システムが強化され、Eメールや紙面でレファレンスチェックをするのではなく、実際に上司だけでなく同僚や部下、一緒に働いたことのあるコンサルタントにもアポイン

トメントを取って、電話やオンラインでインタビューをして確認している。このシステムだと応募者は、上の人たちだけでなく、全方向で良い人間関係を構築・維持している必要がある。各組織・機関は、あらゆる手法で最適な人材を得ようとしているし、技術的スキル・学問的知識に加えて、候補者のその業界での評判や信頼度がいかに重要視されているかがわかる。同時に、その人の「評判」とは「ブランド」でもあり、その力を高めることがキャリア構築においての１つの大切な戦略となる。

第6章 成功に導く 国連流面接テクニック

　応募書類の一次審査を無事通過し、筆記試験があればそれも通過した後に待ち受けているのが面接だ。面接に臨むときは、誰もがやはり嬉しくワクワクすると同時に緊張と不安も感じるというのが正直なところだろう。「どのような質問があるのか。うまく答えるにはどうしたら良いか」などと、しばしばさまざまな思いが脳裏を駆け巡ったりする。

　英語での面接と聞いただけで緊張を感じてしまうかもしれないが、インタビューを突破することが採用への道につながる。そのためにも国連・国際機関で用いられているインタビューの目的や種類を知り、対策と準備、そして練習を積み重ねるのが鍵となる。

　ここでは、面接を突破する実践的な方法と準備のステップを紹介してみよう。「面接」と言われると何となくわかっている気がするが、実は国連・国際機関の面接は奥が深い。あらゆる国籍や文化背景の応募者が応募してくる上に、採用部署や担当者は常に、このポストに最も適している理想的な人材像を念頭に選別を進める。

　さらに幾多の異なる使命や役割を持った国連・国際機関には、それぞれ異なったニーズがあり、理想的な人物像も微妙に違っている。これまで述べてきた通り自分の専門知識、技術的スキル、経験、そしてソフトスキルなどがそのターゲット機関と部署のニーズにマッチしているかどうかをどのように打ち出せるかが大切となる。

　そのためには、採用側が何を求めているかを予測し、面接での質問のテーマ・目的を理解し、論理的かつ説得力を持って答えられる力を培っておかなければならない。

I　コンピテンシー面接の基礎

　国連・国際機関で使われている面接の主流はコンピテンシー・ベースド・インタビュー（CBI）だ。これは通称コンピテンシー面接、行動面接、状況面接とも呼ばれる。コンピテンシーという言葉は聞いたことがあるかもしれない。国連・国際機関はそれぞれの組織のニーズに合ったコンピテンシーフレームワークを作り、採用面接・内部人材育成・評価などの人事のプロセスに使っているので、大切なコンセプトだ。

　コンピテンシーフレームワークは、以下の要素から成り立っている。

- ・　Values（価値観）とは、各組織が大切にしている「全職員」に求める価値観。組織の仕事を支え、スタッフの行動を導く共通の原則と信念とも言える
- ・　Competencies（コンピテンシー）とは、「高いパフォーマンスを残す人の行動特性」または「高い業績を上げている人に特徴的に見られる行動を類型化したもの」を意味する単語
- ・　職務遂行能力の成功に直接関係するスキル、能力、性格、行動パターン

　前述したように、各国連・国際機関は独自のコンピテンシーフレームワークを構築し、このフレームワークを指針にして採用やスタッフ・ディベロップメントを行っている。たとえば次ページの表は3つの機関のコンピテンシーフレームワークの比較表だが、これを見ておわかりのように、各機関は独自のコンピテンシーの枠組みを打ち出している。初めに自分のターゲット機関のコンピテンシーフレームワークと各コンピテンシーに求められる行動様式の定義を理解することが重要だ。

３つの機関のコンピテンシーフレームワーク比較表

Competency Framework Comparison			
	UN	UNICEF	FAO
Core Values	Integrity, Respect for Diversity & Professionalism	Care, Respect, Integrity, Trust & Accountability	Commitment to FAO, Respect for All, Integrity & Transparency
Core Competencies	Communication Teamwork Planning & Organizing Accountability Creativity Client Orientation Commitment to Continuous Learning Technological Awareness	8 competency areas with 3 Levels (Individual, Team Manager & Mgr of Multiple Teams) 1.Builds and maintains partnerships 2.Demonstrates self-awareness and ethical awareness 3.Drives to achieve results for impact	Results Focus Teamwork Communication Building Effective Relationship Knowledge Sharing & Continuous Improvement
Managerial/ Functional Competencies	Vision Leadership Empowering Others Managing Performance Building Trust Judgment and Decision-making	4.Innovates and embraces change 5.Manages ambiguity and complexity 6.Thinks and acts strategically 7.Works collaboratively with others 8.Nurtures, leads and manages people	Leading Engaging & Empowering Others Communication Partnering & Advocating Knowledge Sharing & Continuous Improvement Strategic Thinking

国連事務総長は2021年9月に国連の新しいコンピテンシーフレームワーク "UN Values and Behaviors Framework" を発表した。徐々にこの新しいフレームワークが面接などで使われていくことが予想される。

　なぜコンピテンシーへの理解が必要かというと、コンピテンシー面接は「過去の行動が将来のパフォーマンスを最もよく表し予測する」という原則に基づくものだからだ。
　コンピテンシーという言葉はよく「スキル・知識・能力」などと理解されがちだが、深い意味がある。コンピテンシーが本当に意味するものは「職務遂行の成功に直結するスキル、属性、行動の組み合わせ」である。採用面接では「優れた業績を上げているハイパフォーマーに共通して見られる行動特性」を保持しているか確かめるために、特定のコンピテンシーに関する応募者の現在・過去の職務上の体験に関する質問をする。コンピテンシー面接では、応募者が問題や複雑な課題に対してどのように対処したかについて、全体像や具体的な背景・行動・結果を知るための質問をする。さらに面接では、行動だけを聞いて判断するのではなく、その行動に至らせた

価値観や思考パターンや動機などの要素を掘り下げる。

　よく面接で使われるコンピテンシーとしては、次のものが挙げられる。

企画・運営 Planning & Organising	多様性の尊重 Diversity & Inclusion
コミュニケーション能力 Communication	チームワーク Teamwork
成果の達成 Achieving Results	変革 Innovation

　ここでは詳細は省くが、それぞれのコンピテンシーの文言には望ましい行動が詳しく具体的に定義付けされている。コンピテンシー面接に臨むにはこの定義の部分をしっかりと理解して、自分のストーリーの答えに、そのコンピテンシーの定義に呼応する行動や思考パターンを入れ込むことが必要だ。

　では、どのように受かるコンピテンシー面接を準備したら良いのだろうか？

Ⅱ　受かるコンピテンシー面接準備方法

　ここでも採用側の視点からコンピテンシー面接を考えてみると効果的な準備ができる。どのコンピテンシーの質問が出るかというと、空席広告に明記されているものからしか出題してはいけないことになっている。したがって空席広告のコンピテンシーの部分を熟読してみる。機関によって広告に載せるコンピテンシーの数はまちまちで、尋ねたい4～5つのコンピテンシーだけを記載している機関と、10～16ぐらいの多数のコンピテンシーを記載しそこからパネルが選ぶという機関もある。前者は想定問題と自分のストーリー

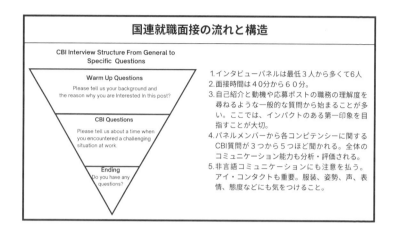

を用意できるので便利だが、後者は予想することが難しくなる。

コンピテンシー面接は、いろいろな質問文の形態をとる。たとえば、

Could you tell us about a situation when…

Can you give us an example of…

Please tell us about a time when…

これらの質問形態に共通なのは、応募者に過去や現在の経験の中から具体的な行動の例を説明させるようになっていることだ。コンピテンシー面接の質問は、候補者が有能であることを証明できる過去の経験について尋ねる。理論としては「過去にそれを行ったことを証明できれば、将来それを行うことができる可能性があるということ」となっている。候補者の回答を評価するとき、パネルは候補者の回答の深さと複雑さを確認している。

面接パネルは通常、最低3人(上司・スペシャリスト・人事)で5

CBI面接の答え方のメソッド

BACK, STAR & CARL Format		
BACK	**STAR**	**CARL**
(B)　BACKGROUND	(S)　SITUATION	(C)　CHALLENGE
(A)　ACTION	(T)　TASK/ROLE	(A)　ACTION
(C)　CONSEQUENCE	(A)　ACTION	(R)　RESULTS
(K)　KNOWLEDGE	(R)　RESULTS	(L)　LEARNING

人くらいまで増えることもある。パネルインタビューは、大体45分くらいで、現在はオンラインで行われることが多い。国連・国際機関の採用は非常に競争が激しい。ショートリストされなかったり、面接で落ちた者は苦情を言ったりすることもある。それに対処するためにも、公正で論理的な採点をする必要がある。

　採点や評価は通常、各コンピテンシーの定義の文を読んで、それを満たすような行動や思考が答えの中に入っているかを見る。応募者がこの点を理解せずにコンピテンシー面接に臨むと答えにズレが生じ、受かる率が低くなる。

　効果的な準備のコツは、特定の空席広告に応募し面接に呼ばれたならば、その中に記載されているコンピテンシーと定義の表を作り、それに対する自分の「物語」をそれぞれのコンピテンシー定義項目に対して準備することだ。答え方のメソッドは、BACK、STAR、CARL（表参照）と3つあるが、STAR（スター）メソッドが使いやすいので、答えのストーリーを用意しておくと良いかもしれない。

　BACK、STAR、CARLメソッド（手法）は、コンピテンシー面接の質問に対して、構造的な方法で答えるメソッドだ。3つの似たようなフォーマットなので、自分が使いやすいものを選んでストーリーを用意すると良い。これらのメソッドを使えば、職務や現場でどのようにうまく対処したか、具体的な例をストーリー化して、自分がそのポストに必要な経験やスキルを持っていることをアピールすることができる。

　1つのフォーマット、STARメソッドについて少し説明しよう。STARメソッドは、Situation（状況・背景）、自分のTask（役割・職務）、Action（行動）、そしてResults（結果）を表している。これを使って、どのような困難な状況や複雑なタスクに取り組んで、成果を出せたかを話していく。

Situation：自分が置かれていた状況・背景を具体的に説明する。細かく説明するよりもチャレンジに焦点を置くと効果的

Task：自分の役割を説明する。達成しなければならない課題・目標を明確に述べる

Action：状況に対処するために自分が取った行動・貢献を適切な量の詳細と共に説明する。具体的にどのようなステップを踏み、自分がどのような貢献をしたのかを述べる

Results：自分の行動によって達成した結果・実績を、遠慮せずに述べる。どのようなインパクトがあったのか、どのような成果・結末を迎えたのか、そして自分は何を学んだのか、といった複数の肯定的な結果を含んでいることを確認しながら、ストーリーをまとめることが大切

　今、面接の可能性はないが準備しておきたいという方は、将来勤務してみたい国際機関のコンピテンシーフレームワークを見て、6〜7個のよく使われるコンピテンシーを選び、聞かれたときに答え

られるストーリーを、各々のコンピテンシーに対してSTARモデルを使ってあらすじを書いておくと良い。STARモデルのストーリーを話す際、日本人応募者の典型的な弱みは、Situation（状況）とTask（役割）を細かく長く説明してしまうことだ。コンピテンシー面接では、採点者が注意を最も払うのは、応募者のAction（行動）とResults（結果）の部分なので、この点を念頭においてストーリーを展開すると良いだろう。

　さらに、何度か模擬面接をして慣れておくと自信が出てくる。答え方のコツとしては、ストーリーに明確に具体性を持たせ、聞かれた質問に忠実に答える。具体的な例でそのコンピテンシーを保有していることを証明する。チームの一員として職場でなかなか自分の貢献度が見つからない人は "We" を使いがちなので、"I" を使って自分が貢献したことを説明できるよう努力しよう。

　特によく聞かれるコンピテンシー面接の質問にチームワークがある。例として、以下のような質問（Main Questions & Sub Questions）を挙げてみよう。

Teamwork CBI Question
- Tell me about a time you were part of a successful team.
    - Could you describe the situation?
    - What was your role in the team?
    - What was you action? What made the team successful?
    - What was the outcome?

　この質問をされると日本人応募者はチームでの業務を中心に考えてしまい、メンバーみなの努力で達成したので、主語に "We" を使いがちになってしまう。これはチームワークを重んじる日本人の長所だが、ここで面接パネルが知りたいのは応募者の明確な役割と、どのような行動をしてチームの目的の成功に貢献・導いたか、

インタビューの準備の基礎

プロフェッショナリズム	チームワーク	プランニング
専門的な能力を発揮し、業績・成果を挙げたことを実例で述べられるようにしておく。	自分が関わったチームについて把握しておく。チームの目的、人数、内訳、自分の役割、チームで働いてみて、良かったと思うこと、悪かったと感じたことなどを考えてみる。	優先順位をいつもどのようなメカニズムで決めているかを説明できるようにしておく。
スタッフやマネージャーとして、ジェンダー平等に関して努力した点・チャレンジ、成功した例を言語化しておく。	成功したチームと失敗したチームの両方を思い出す。そして、その原因、対処法、結末をストーリー化しておく。	マルチタスクをする際の時間管理や情報通達に関しての自分の手法をアウトライン化しておく。
難しい問題や課題に直面したときに粘り強く解決した経験を考えてみておく。	再度、同じような状態でチームで働くとしたら、どのような違ったアプローチを取るか。	ストレスのある現場での対処して結果を出した経験を書き出す。（たとえば、締切に間に合ったとか、間に合わなかったが対処できたと言った例など。）

という個人の価値観と思考に基づいたアクションなのだ。もちろんこのようなチームワークの質問を想定してストーリーを用意しておく必要はあるが、ストーリーだけでなくプロ意識、チームワークやプランニングといった定番のコンピテンシーに対する、自分自身の考え・哲学・こだわりを把握しておくことも大切なので、上記の表のように自己認識力を使った準備も必要となってくる。

それぞれ独立して使われる場合もあるし、混合させた質問を使うブレンド・ミックス型もよく見かけられるようになったが、コンピテンシー（行動分析）面接のみを使用する機関もある。まず、それぞれの面接手法と目的を簡単に説明したい。

Ⅲ　他の面接の種類と傾向

従来型面接（General Interview）

従来型面接は自己紹介から始まり、個人の強み・弱みを述べてもらったり、応募動機やモチベーションを深堀りするような質問があ

ったりする。面接官が知りたがっているのは「なぜこの仕事に興味があるのか」、そして「どのような貢献・価値を採用側にもたらすのか」という2つの重要な点だ。Warm-up Interview Questions などと言われているが、答えは応募者各々違うので、ここで採用側が見ているのは、

- 今までの関連・専門分野での経験値と即戦力感を兼ね備えた人材であるかどうか
- 応募ポスト・分野と応募機関に真摯な興味があるか
- 候補者が職務、チーム、組織に適しているかどうか確認するためのもの
- 採用側の組織文化にフィットするかどうか
- 包括的なコミュニケーションスキル
- そして、候補者の準備態勢と理解度を測る目的もある

　この自己紹介の質問は面接全体の中でも、実はとても大切な部分だ。ここで第一印象が決まったりするので、自分の強みや能力をアピールし、2～3分で「この応募者はなかなかできる即戦力人材！」だと納得させることができるチャンスでもある。

　応募書類のところでも述べたが、即戦力感とは何かというと、「誰にも教えられなくても、職務を遂行・リードし業務を完結できる力・実力」で、研修やオリエンテーションがなくても働ける人材とも言えよう。もちろん自分の考えを相手に理解してもらえるように話す力も大切な点で、次のような典型的な従来型インタビュー質問は、面接の冒頭に聞かれることが多いので用意しておこう。

従来型 Warm-up インタビュー質問の典型的な例

- Please tell us about yourself, your experience and your qual-
  ifications.
- Why do you think you are fit to this particular position?
- Why are you motivated in working for this organization?
- What are your major strengths and weaknesses?
- How do your supervisor and colleagues describe you?
- Where do you see yourself in 5 years from now?
- What is your best achievement in your last job?

　従来型面接で最も重要な点は、応募先のポストの要となる職務に関連した経験や業績をハイライトして話すことである。強み・弱み（長所や短所）なども聞かれることがあるので、自分の今までのキャリアパスを見直して、自己認識を高めて達成したこと・学んだこと・失敗したことなどをきっちりと把握しておくと良いだろう。達成した業務に関して具体性を持たせて、インパクト（成果）を出した例を細かく長くならないように入れ込むと効果的だ。

　また応募先機関の Web ページやサイトをよく見て、その機関のミッション・ビジョンや目的をよく理解しておくことが大切となる。割とここを押さえていない応募者がたくさんいるので、応募機関だけでなくどのような関連分野のチャレンジを応募部署・国事務所は抱えていて努力しているかをリサーチしておくことも大切だ。自分の情熱・専門性・経験が、応募機関が必要としている職務の遂行に貢献できると具体性を持ってアピールできると強い。

　1〜2分ほどの自己紹介の質問はまれに聞かない機関もあるが、往々にして尋ねられることが多いので、練習を何回も積んでおいて

紙やノートをチラッと見たりせずに自然に、そして自信を持って話せるようにしておこう。良い第一印象を与えることが、その後の面接の流れに影響するので気をつけよう。

　いきなり英語で自己紹介をするのは戸惑う人も多いので、ビデオ録画しながら練習してみると良いだろう。何をどのように言うかに加えて、ポジティブな非言語コミュニケーションも大切だ。スマイルも忘れずに入れ込み、自信に満ちた姿勢、声のトーン、ピッチ、眼差しや手振りも入れると「できる」人材のような印象を醸し出すことができるので、ここも押さえて練習を積むことをお勧めする。

　準備のコツとしては、募集要項と自分がもたらす価値を再確認することだ。何が要求され、何が望まれているかをリストアップし、次にこれらの要求を満たすために自分が組織に何をもって貢献できるかをリストアップする。前述したように経験、業績成果、長所など、仕事と人としての自分についての自己認識を高めておくことが必要だ。

テクニカル面接・技術面接（Technical Interview）

　テクニカル・技術面接とは専門分野における技術的な知識や側面に焦点を当てた質問のことである。技術的な専門知識を評価するために行われる。ここで大切なのは応募するポストのレベルによってテクニカルな質問は違ってくるし、専門分野によっても質問の形態が異なる場合もある。テクニカルな質問は多岐にわたるので、応募しているポストが求めている専門知識、実際的なプロジェクトマネージメントの知識やステップなどを把握しておくことがとても大切になる。

　前述したように、国連・国際機関は専門家集団と言える。組織に入ってから学んだり教えてもらったりしてやっと職務が遂行でき

るような人材には興味がない。専門知識とノウハウを保持していて、複雑な職務でも即戦力として遂行できる力量がなければならない。技術的な知識と経験の土台を持っているかどうかを確かめる質問だと言えよう。

　もちろん採用組織の特別な業務プロセスとかルール・ガイドラインなどは入ってから学ぶ必要があるが、これらに関しても前もってインターン、UNVやJPO、コンサルタント経験で精通しているとよりアドバンテージになる。

　ここでは技術的な質問をして、たとえば応募者の専門分野、論理的・戦略思考、関連分野のポリシーやプロセスに関する理解度やスキルレベルを確認する。この技術面接は「モチベーションや個人の資質」を見る従来型面接や、「過去の業績・行動は未来の予測」というセオリーに基づいたコンピテンシー面接ともかなり違う。

　なぜなら、テクニカルな技術的質問には明確な答えがあるからだ。ここで答えられなくてふるい落とされる応募者は多いので、前もってよく聞かれる質問の形態を知って事前リサーチをし、準備をしておくことが大切となる。

　技術面接では、以下のようなスタイルの質問が多い。
- 専門分野の技術的な知識に関する具体的な質問
- 状況・シナリオベースの質問
- 国連・国際機関特有のアプローチに関する質問
  （たとえば、Results-based Management（RBM）、分析評価のプロセスに関する質問など）

　技術的な面接の準備方法としては、応募ポストの職務に不可欠な専門知識は何かを調べ、理解し、自分自身の過去の経験や専門分野に照らし合わせて、論理的に説明できるようにすることが大切となる。ここに具体的な行動例を入れ込むとより説得力が増すので、技

術的な質問とはいえ実例を簡単に述べると効果的だ。

ブレンド型面接

　最も注目すべき採用トレンドとしては、各機関で採用手法がコンピテンシー面接（CBI）のみでなく "Blended Assessment" と言われるいくつかの異なる形態のアセスメントを組み合わせる形に移行する傾向が挙げられる。

　従来のコンピテンシー面接に加えて、筆記試験（Written Exam）、起草能力診断（Drafting Skill Assessment）、プレゼンテーション、状況判断（Situation Judgement）、事例分析（Case Study）、ロールプレイ、心理測定テスト（Psychometric Test）などを取り入れる国際機関も出てきているので、常にターゲット機関の人材採用手法の動向を見守り、さまざまなアセスメントに対処できるように準備する必要がある。

Ⅳ　録画ビデオ面接

録画ビデオ面接のコツ

　最近の国連・国際機関の面接プロセスでは、非対面型選考手法とも言われる「デジタル録画面接」が行われ始めている。HireVue、Modern Hire や Sonru などのプラットフォームを使って事前に設定した質問にオンデマンドで候補者に答えてもらうというものだ。時間は機関や職種によっても違うが、15 分から 30 分程度かけて与えられた質問に答えてもらい、それを録画収録するという仕組みだ。流れとしては、

　（1）　採用機関が面接用のリンクを送信して、録画の日時を指定する

(2)　通常15分から30分程度の録画をする必要があるが、撮り直しができる質問とできない質問があったりする

(3)　導入の自己紹介などは短めだが、その後、機関によって違うが、一般的にテクニカルな質問に対して2分から10分テロップで流れた質問に答えるという流れになる。それぞれの質問に答える前に準備時間が1〜2分もらえる

(4)　最後に、1〜2分間ほど自分でコメントを付け加えられることもあるが、この場合は準備時間が与えられないこともある

　この録画面接は、採用担当者と候補者の双方が時間帯を気にせずに行うことができるので便利とされている。筆記試験を採点するよりも手間が省ける上、テクニカルな知識も確認できるので利便性のあるツールだと言える。これからますます使われることになると予想しているので、ビデオカメラの前で自信を持って話せるようになるようにオンライン面接の練習を重ねる必要が出てきている。

　ビデオ面接を成功させるための5つのヒントは以下の通りだ。

1．対面式面接と同じような服装をする

　自宅からのビデオ面接でも、プロフェッショナルで洗練された印象を与えるため、対面式面接と同じようにドレスアップする。面接の心構えにも影響し、自信を持って臨める。体の上半身だけでなく、ズボンや靴もきちんとすること。

　録画する際は自分が一番元気で頭が冴えている時間を選ぶのがコツ。

2．背景を意識する

　面接の背景にも気を配る。背後が雑然としていないすっきりとした場所を選び、ライティングも明るくし、自分の顔に影ができないようにリハーサルで確認すること。機材の動作を確認し背景がどの

ようにカメラに映るかを確認する。

3．周囲の雑音は最小限に

　ビデオを観る側が話を聞き取りにくくなるような雑音を最小限に抑えるために、静かな場所を選ぶことが大切。ペット、子供、お手伝いさんがいる人は、彼らが突然割り込んでこないように手配することも必要。公共の場でインタビューを行う必要がある場合は、静かでプライベートになれる場所を選ぶ。

4．練習・練習・また練習

　多くの録画ビデオ面接プラットフォームでは、開始前にテストを行うことができるが、初めてオンラインインタビューを行う場合は、ビデオで自撮りしながら練習をするのが賢明だ。特に初めて録画ビデオ面接を受ける人は、時間の配分、ペース、そして一方通行で一人で話すことに慣れていない。カメラに向かって想定問題に答える練習をし、視線がカメラ目線かどうかをチェックし、全体に相手に与える印象をチェックしてみること。視線をずらしたり、周りを見たりせず、必ず笑顔も入れて温厚で愛想のあるように答える（ずっと笑っている必要はないが）。

5．答えは論理的かつプロフェッショナルに

　答えは冗長ではなく、短すぎず、職務に関連したキーワードを入れ込み、知識・経験の幅や深みを出すことがコツだ。録画ビデオ面接のもう1つの難しい点は、エンディングのまとめ方だ。いつやめるかを知るためには、画面に出るカウンターをチェックし、後10秒で終わりとなったとき、格好の良いまとめ方を考えておくと良い。

6．非言語・ボディーランゲージ

　採用担当者はビデオ面接の評価に完璧を求めているわけではない。このシステムは使われ始めてから時が経っていないので、対象者が慣れていないことをある程度理解している。評価者が求めてい

るのは、履歴書に書かれている業績以上に、あなたという人間が有望な適材であるかを知ることなので、深呼吸してリラックスし、自分らしくチャレンジしてみよう。

第7章	変貌する 国際機関の採用手法への備え

I　筆記試験の必勝法

　国連・国際機関へ応募する際に、書類選考の第一段階に残ることができても、面接にすぐ呼ばれるかというとそうではなかったりする。さらに絞り込むために通常行われるのは筆記試験だ。ほかにも後述するさまざまなアセスメントがあるが、最終面接に進めるのはこのような試験を通過できた数人なので、筆記試験対策はとても大切だ。筆記能力は一朝一夕で身に付くものではないので、今から準備しておきたい。

希望機関の筆記試験傾向を理解しよう！

　それぞれの国際機関では独自の方法で筆記試験を行っている。おおまかでも良いので、筆記試験の種類を理解しておくと対策や準備ができる。

　適性人材選抜のための筆記試験は、主に技術的・専門的な知識を確かめ、論理的な英語ドラフト力や問題解決力があるかどうかを見極める試験だと言える。応募機関、専門分野やポストの種類によって、筆記課題の内容・テーマ・出題形態は多岐にわたるので、それぞれの目的意図を理解して準備をするのが重要だ。

　筆記試験の出題傾向・形式は大きく4通りに分けられる。それぞれの質問形式と目的を良く理解しておくと対策が行えるので見てみよう。

1．マルチプルチョイス（Multiple Choice Test）

　目的：専門分野や応募機関に関する質問が主で、専門的な知識を

探るテスト。たくさんの応募者を即座にふるい落とすことができるので、ショートリスト作成に使われることが多い

対策：応募している専門分野の知識や、その分野で使われている国連アクロニム（略語）やプロセス、ポリシー、レギュレーションなどを幅広く理解しておく

2．国連関係・専門分野記事の300〜1,000語要約（Article Summary）

目的：分析して論理的に考えをまとめる力をみるテスト。長く複雑な英文書類を読み込み、理解し、それを簡潔かつロジカルに要約できる力が試される

対策：練習、練習また練習。まずサマリーの目的と構成を理解し、効果的な言い回しを選び簡潔にまとめる練習をする。国連資料・文書の要約と原文を読み込むとコツがつかめる

3．国連文書を書く課題（Writing a memo、letter、talking points、note、etc）

目的：即戦力のあるドラフト力をみるテスト。国連・国際機関では定番のメモ、レター、スピーキングポイントや備忘録・議事録の形式が書けるかどうかをみる

対策：フォーマル・インフォーマルな国連式英文文書・メモ・ノートのまとめ方を知っておくのが大切。インターンやボランティアで短期でも働く機会ができたら、職務のみでなく、使われている文書の様式・スタイルにも触れておくとプラス

4．課題筆記テスト・エッセイテスト（Themed、Scenario-based、Analytical Essay）

目的：専門知識や関連業務のノウハウを細かく述べさせる記述問題テストと戦略的思考力を測るテーマ別エッセイテス

　　トがある。そのほかにもファイナンス系や統計・評価の専
　　門ポストには、数量的な問題も問われたり、課題をパワー
　　ポイントやグラフでプレゼンさせることもある

対策：国連・国際機関が要求する英文ドラフト力は、海外の大学・
　　大学院で学ぶエッセイや論文の書き方を軸として習得し
　　ておく。国連では、大学院レベルよりもさらに上級の説得
　　力のあるドラフト力が必要とされる。想定問題のエッセイ
　　をいくつか書き溜めておくと良い準備になる

　ここで筆記テストに成功する秘訣として採点基準を知ることに
ついて述べよう。

　筆記試験の傾向を探ると同時に、成功の秘訣として、どのように
採点されるかを知っておくことが大切だからだ。何がどう評価され
るのかを知ってこそ対策を練ることができる。

　マルチプルテストは答えが確定しており、採点も直球でわかりや
すいのだが、記述式やエッセイ式のテストになると途端に撃沈する
方々が多くなる。

失敗する大きな要因は

- 英語エッセイの基本的な構造・スタイルを習得しておらず、
  散文的なまとまりのないエッセイになっている
- 日本式の思考で前置きをダラダラと書いてしまい、論理性に
  欠ける
- 結論、理由付けをエビデンス（事実・根拠）で肉付けできてい
  ない
- 洗練された英語の言い回しが使われていない。"I" で始まる文
  が列挙されていたり、同じ動詞や形容詞が使い回されている

英語エッセイテストの採点方法は各機関によって違うが、人事の

I. 技術的内容の評価基準例 (Criteria for Assessment of Technical Content)

- **Logic of Argument (議論の論理性):**
  技術・専門知識に関連する概念、キーワード、トピックを論理的に説明し、分析できているか。
- **Knowledge of Technical Components (技術的・専門的要素に関する知識):**
  応募者の特定の技術・専門分野における関連するベストプラクティス、戦略、アプローチ、用語の紹介、議論が示されているか。
- **Chosen Approach to the Challenge or Question Posed (課題・問題に対するアプローチ):**
  回答が、戦略的で、適切かつ効果的なアプローチを示しているか。

II. 文体・スタイル／まとめ方の評価基準例 (Criteria for Assessment of Writing Style/Mechanics)

- **Spelling and punctuation errors (スペルミスや句読点のエラー):**
  答の文章に、読みやすさを損なうようなスペルミスや句読点の間違いがあるかどうか。
- **Grammar (文法):**
  文法的に正しい文と段落構成（主語と動詞の一致、動詞時制、前置詞、冠詞など）で書かれているか。
- **Organization and Style (構成とスタイル):**
  答がよく練られており、明確なポイントを押さえた構成で、全体的に明確な思考パターンと一貫したスタイルを示しているか。

ベストプラクティスのプロセスは以下の感じだ。

- 基本的にエッセイテストは実施前に評価基準を決めておく
- 公平な採点がされるように最低2名、できれば3名の採点者に無記名の解答用紙を渡し、採点してもらう
- すべての採点者の合計点の平均によって上位5～6番くらいまでが面接に呼ばれる

　筆記試験を突破するには、周到な準備と何が採点基準になっているかを知ることが鍵になる。英語ではEvaluation/Grading Criteriaと呼ばれているが、採用側は、客観的な採点ができるように採点ガイドラインを用意する。たとえば上記の採点基準のサンプルのように、技術的内容と共に文体・スタイルやまとめ方などが評価の対象になる。各機関によって異なるが、どのような点が評価されるかわかるだけでも参考になるだろう。

　採点基準がなんとなく理解できたら、まず取り組むべきは、英語論文やエッセイのストラクチャーの組み立て方をおさらいすることだ。自分なりのエッセイテンプレートを作っておくのも良いだろ

う。ポイントは技術的な知識を羅列するのみでなく、説得力のある議論の展開がうまくできるかどうかである。

　採点のガイドラインにあるように、「明瞭・明快」で「すべての質問に答えて」おり、各自の「専門分野の理解とテクニカルな深い知識」が網羅されながらも良くまとめられていて、「エキスパートとしての響き」がある――というのが、最高点の定義となっている。

　まず「世界標準」の英語のドラフト力（Writing Skill）とは何かを知って、自分の「書く力」のギャップを探ってみることが大切だ。

Ⅱ　デジタルトランスフォーメーション（DX）が変える採用手法

　コロナ禍で一気にリモートワークが主流に用いられるようになったが、それと共にあらゆる分野でデジタルトランスフォーメーションが取り入れられてきている。国際機関のプログラム分野も人事部門も変貌しつつある。元来、国連・国際機関でもオンラインでの応募書類提出や筆記試験・面接などは行われてきていたが、徐々にあらゆる採用ツールや人材管理プラットフォームのデジタル化が進みつつある。これから国連・国際機関でキャリアを形成したい方々は、常に各機関の多岐にわたる採用ツールやプロセスの最新動向に注意を向け、新しい採用手法に対処できるように備える必要がある。

　さらに、各国際機関は次世代の人材を獲得・育成するためにコンピテンシーフレームワークを大幅にアップデートしつつある。なぜなら、DX時代に活躍できる人材プロフィールは従来のものとはかなり違うからである。特に、データリテラシー（データやデジタル技術を理解し業務や決定に活用するスキル）があらゆる職種やポストレベルで必要となるのは必須で、人事のみならず国際協力や開発

援助を強化するための戦略に積極的に生かされていく傾向が見られる。人事のデジタル改革は、組織内の人材計画や人事業務のあり方を変えつつある。

　たとえば、財務、人事、職員のキャリアサイクル管理を1つに統合したクラウドベースの管理システムを導入する国際機関も出てきており、よりスムースな人事・人材管理をどこからでも行えるように試みている。紙ベースの人事プロセスから脱却し、より確かで自動化された効率の良いデジタルツールを人材管理プロセスに入れ込むことができるからだ。AIを活用した採用ツールアセスメントや、人事データの自動化が始まりつつあり、新人導入オリエンテーションやスキルアップトレーニングもオンライン化やオンデマンド化されていくだろう。

　それぞれの国際機関のデジタル化を進める速度はかなり違うので、これから数年は新旧システムが同時に存在することも予想される。これまで以上に、国連・国際機関キャリアを目指す者はターゲットを絞りつつ、採用プロセスの変化を素早く理解して、新しいキャリア開発スキルを身に付けていく必要がある。

　今まで対面やオンライン、電話でのパネルインタビューに慣れていた応募者が、限られた時間の録画インタビューでも自分らしさを出して、簡潔かつ中身の濃い答えを繰り出していくスキルを伸ばすには、まずマインドセットを変える必要がある。苦手意識でチャレンジするよりも、前向きに自分のビデオ発信力やデジタルプレゼンス（オンライン上での存在感）を高める良いきっかけと捉えよう。

　さらにデジタル化時代の人材獲得・育成戦略の鍵となっているのが、Diversity & Inclusion（多様性と包括性）という言葉である。これは国連・国際機関の大切なコアバリューと言えるものだ。国連・国際機関はあらゆるレベルで女性職員数と男性職員数を半々

にすることに積極的に努力を注いでおり、現在（2023 年 1 月）国連では 46.7 ％の達成度と言われている。加えて、地理的・年齢的多様性、障害者雇用、LGBTQI や働きやすい職場環境の構築と裾野も広がってきている。デジタル化時代はこのようなポジティブな構造的変化を促しやすい良いチャンスとも言える。

　これから話題となっていくのが、デジタル化時代に求められるスキルや能力がかつてないほど変化していく中、今までの伝統的な採用手法が果たして効果的なのだろうかということだ。多種多様で有能な応募者を公平に採用するためには、今まで中心的に使われてきた行動特性ベースのコンピテンシー面接のみから脱却する必要を感じている機関もある。コンピテンシー面接手法は、北米の行動特性の概念に基づいている。いかに卓越したストーリーをロジカルかつ効果的に話し言語で「説明できるか」ということが大切だが、あらゆる文化背景を持つ寡黙で有能な応募者を見逃してしまう危険性も含んでいる。

　すでに世銀系では、コンピテンシー面接よりもテクニカル（技術的）な質問を主に聞いてくることが多い。加えて、さまざまなオンライン・アセスメント・テストを導入して、客観的に実力を測る試みも始まっている。デジタル時代はあらゆるプロセスに大きな変化をもたらす。これからの応募者は、さまざまな採用ツールに柔軟に対応する力を養っていく必要があるだろう。

Ⅲ　オンライン能力・心理適正テストと　アセスメントセンターへの対処法

　最終面接にたどり着くのは容易ではない。これまでに述べてきたように、周到に準備した応募書類でショートリストに残り、さらに伝統的に行われてきた技術的な知識を測る筆記試験を乗り越える

必要がある。しかし、エッセイ方式の筆記試験の採点にはかなりの時間と労力がかかる上、客観性に問題があったりもする。今後ますます需要が伸びていくのは、技術的に最低条件を満たさない応募者をふるい落とせるようなノックアウト質問や自動採点ができるマルチプルテスト（多肢選択法）に加え、もう１つ上をいく能力や心理テスト、さまざまなオンライン・アセスメント・テストだ。

　オンラインアセスメントは、応募ポストに応じてさまざまな能力や性格・特性テストで構成されている。数的推理、論理的思考力・推論力、言語的推理、図式的・空間的推理などのように、すでにプライベートセクターで結果に関する実績を持っている市販のアセスメントテストも多々ある。せっかく応募書類が通り次のステップに呼ばれても、初めて受けるオンラインアセスメントに応募者たちは慌ててしまうことが多い。これからの採用ツールの変化を素早くキャッチし対応するためには、まずアセスメントテストの種類を理解し、ある程度実際に体験して時間の配分やコツを習得しておく必要がある。

　そもそもオンラインアセスメントは、職務に必要な知識・能力や特性を測定する。数値能力から論理的思考まで幅広いテストがあるが、加えて Psychometric Test（能力・性格心理テスト）と呼ばれる性格特徴を測る質問紙法アセスメントもある。国際機関の職員には、複雑な職務環境で高度なソフトスキル・対人スキルが必要とされるので、このような感情的知性や長所・短所に関する判断的なテストも行われることがある。以前は国連常駐コーディネータ（Resident Coordinator）候補者集団の選抜に、SHL という会社のサイコメトリックテストが使われていたことがある。私がユニセフでネティ（NETI）を立ち上げたときにアセスメントセンターを用いて選抜した経緯から、私自身このサイコメトリックテストの実施者

としてのSHL認定コースを受けたことがある。そこではOPQ（職業別性格検査）やMQ（動機付け検査）などのSHLサイコメトリックテストの実施、個人評価結果の解釈、フィードバック法などを体系的に学んだ。SHLのサイトには能力・性格心理の模擬テストを受けるリンクも載っているので、トライしてみるのも良いかもしれない。

　大切なのは、どのようなテストが行われる可能性があるかを調べて予測しておくことだ。面接のスキルと同じく「慣れ」が大切なので、模擬テストを試したり時間を測って感覚を研ぎ澄ませていくと良い準備になる。オンラインアセスメントと違って、リーダーシップレベルの人材プールや特別な人材育成プログラムのために人材を選抜しなければならないときに、アセスメントセンターが使われる。これは前述の能力・心理テストに加えて選考に残った応募者数人をグループとして課題や演習・ロールプレイなどを与え、採点者2〜3名で評価するというものだ。これには個別面接も含まれるので、全体的な査定時間は大体1日だが、3日間にわたって行われることもある。ただし費用がかかるので使われ方は限られている。

　アセスメントセンターはリーダーシップレベルに用いられることが多いので、特に鍵となるリーダーシップコンピテンシー（意思決定能力、対人能力、クリティカルシンキング、戦略思考、そしてパートナーシップ構築力）などが査定されることが多い。アセスメントセンターで、日本人の候補者が悩むのは、難しい状況を描いたロールプレイで役割を演ずるときかもしれない。面接のように一方的に自分のサクセスストーリーを述べるのではなく、観察者の前で高いレベルのコミュニケーション力を発揮して相手を説得することが求められていたり、グループワークでは自分のアウトプットに焦点を置くだけでは足りず、候補者のほかのグループメンバーに関

するチームワーク的配慮や反応など（言語・非言語）の行動パター
ンも観察・査定・評価されるので気を付けたい。

Ⅳ　これから求められるのはリスキリング（学び直す）能力

　VUCA（Volatility：変動性、Uncertainty：不確実性、Complexity：
複雑性、Ambiguity：曖昧性）という表現がビジネスの業界でも使
われ始めたのは10年ほど前だと言われているが、2020年以来コロ
ナウイルスによるパンデミックを通じて、私たちは自分の体感とし
てこのことを実感しているのではないだろうか。今まで当たり前に
続くと思っていたことが実はあっさりと崩れる脆いものであった、
という感覚を誰しも持ったのかもしれない。変化に対応する力もこ
れからのグローバルキャリアを目指す方々にとって大切なスキル
の1つだ。不確かで流動的な状況の中、自分の人生の舵（キャリア・
ライフバランス）をどう切っていくのか。その答えとなるのがリス
キリング（学び直す）能力だ。

　各国連・国際機関組織が競争力を維持するためには、このVUCA
による変化の波を乗り切る必要がある。その鍵を握るのがいかに効
率性、有効性、そして革新性をもたらす適切なスキルを持った職員
を確保し育成するかということだ。ラーニングオーガナイゼーショ
ン（持続的に学習・成長する組織）になれるかどうかが大切になっ
てくる。私たちも、今までの自分の技術的知識、そしてコンピテン
シーを「アップスキリング Upskilling（現存する能力向上）」だけで
なく、新しい能力やスキルを学び直す「リスキリング Reskilling（新
しい能力の開発）」に目を向ける必要が出てきている。

　これから国連・国際機関のキャリアを目指す方々も、現在職員と
して働いている方々も、常に「リスキリング（Reskilling）」を念頭に
置いてキャリア人生を展開していく時代に入っている。なぜなら新

しいテクノロジーによって私たちが予測もつかないスピードで情報・プロセス・環境が変化し続けていくからだ。専門性・技術的なスキルの重要性はもとより「点と点を結ぶ（Connecting the dots）」のような、自分の専門外の事柄も理解してつながりを見つけられる「洞察力」も必須スキルとなってくる。さらに専門的な数学的能力と高度なデータ分析能力がなくても、データリテラシー、つまり「情報やデータを理解して活用する能力」があることが重要だ。

　自分のリスキリング（学び直し）をより実りのあるものにするためには、自分のスキルインベントリーを見直して、スキルギャップを明確にしていくと良いだろう。伸ばすべき重要なスキルを特定したら、「隣接する関連性の高い能力や知識」を探し出し、取り掛かり始めるのも手だ。オンラインコースでスキルアップが手軽になってきたので、自分への投資と考えて学びの道を進むと良い。人それぞれ学習スタイルや好みも違うため、さまざまな形態のトレーニング方法（On-the-Job Training、Shadowing、Blended Learning、Coaching など）やメソッドを使って、学びの機会や方法を多様化するとリスキリングが効果的に得られる。

　リスキリングは持続的なプロセスであるため、常に新しいスキルやコンピテンシーの変化に目を向け自分自身の成長のためにスキルのアップグレードをし続けることこそ、グローバルキャリア構築の実践的な戦略となることだろう。

おわりに
グローバルキャリアを目指す方々へ

　この「国際機関へのキャリア戦略」のパートを通して私がみなさんにお伝えしたかったのは「満足のいくキャリア」と「満足のいく人生」の両方をどのように構築するかというヒントだった。そのためにはまず自分が何を望んでいるのか、自分の人生の True North（真に重要な目標）は何かを明確にすることが必要だ。「木を見て森を見ず」という格言があるが、視座を上げるということは全体からすべての現象を見ることができるようになることでもある。

　私たちが自分の人生をもっと幸せにしようとするときに、まず自己認識を高め（木を見て）、「方向性」を見つける（森も見る）ことが効果的だ。グローバルキャリア構築もこれに似ていて、自分の経験、スキル、能力に「欠けているもの」（lack）に焦点を当てるのではなく、自分の中にすでに存在している素晴らしい価値観、興味、スキル、経験そして業績に気付いて、それらを顕在化し表現していくと、マインドセットに変化が起こる。それが自分らしい、次なる短期・長期のキャリア・人生目標の達成につながっていく。

　これから国連・国際機関のキャリアへ歩んでいく方々も増えるかと思う。世界の各地で、多様性に富んだ職場で、地球規模の問題解決という目標に向かっていく中で、さまざまな自己変容やブレークスルーを経験することだろう。ここで大切なのは、ワークライフバランスも忘れずに、健康、家族、友人関係や人生の楽しみも包括することだ。

　みなさんが、心から満足のいくグローバルキャリアを展開することを願ってやまない。

玉内みちる（たまない・みちる）

元ユニセフ人事官／ロータス・グローバル人材育成コンサルティング代表。

外資系投資銀行で総務に携わった後、シリコンバレーの米国コンサルティング会社にて、異文化組織開発・国際企業研修に従事。ハワイの4つのシェラトン・ホテル・リゾーツのトレーニングディレクターとしてグローバルマネージャー育成、ダイバーシティ研修に携わる。その後、国際機関のキャリアに転身。マニラの世界保健機関（WHO）地域事務局にて人材育成官、ユニセフ・インドネシア国事務所で人事官を歴任。NY国連本部の人材計画担当官として勤務後、ユニセフNY本部人事部にて、人事マネージャーとして New Talent（外部人材登用）課を担当。さらに、ユニセフ・インド国事務所で人事チーフとして活躍した。 現在は、国連人材育成のプロコーチとして、グローバル就活術のノウハウを、日本国内外で教え、国際機関への多数の合格者・昇進者を輩出。そのきめ細やかな個人コーチングや模擬面接手法では定評がある。ハンボルト州立大学でフランス語と異文化コミュニケーション学で学士号、アリゾナ州立大学大学院で組織コミュニケーション、ハワイ大学大学院で医療文化人類学を学び、ベルビュー大学院で組織業績学修士号。

上智大学国際協力人材育成センターについて

　本書は、上智大学国際協力人材育成センター（略称SHRIC）の「国際機関・国際協力人材育成シリーズ」第6作目です。本シリーズは、当センター所員や客員研究員を中心に、国際連合（国連）、世界銀行など国際機関での豊富な職務経験を持つ筆者の体験談を基に書かれたものです。これから国際機関や国際協力分野を目指す方々の1つの指針となることを目指しています。今回は、当センターが開講する公開講座「国際公務員養成コース」の講師を務めている茶木久実子（元国連人事官）と玉内みちる（元ユニセフ人事官）の二人に執筆を依頼しました。二人は国連において、特に人事管理や採用活動に長年携わってきたエキスパートで、その実務経験と実体験に基づいて本書は書かれています。

　当センターは、国際協力という幅広い分野において将来キャリアを目指したいという学生や社会人を支援する本学の活動の一環として2015年に設立されました。国連その他の国際機関による各種キャリアセミナーの開催、「国連職員と話そう！」といった現職や退職した方々と直接対話するイベントを企画しています。また、国際機関や政府機関、NGOなどの専門家から成るアドバイザリー・ネットワークを設立し、さまざまな分野におけるキャリア・アドバイスを提供しています。

　当センターは、前述のコースを含め以下のとおり実践的講座を開講しています。（2020年度からは新型コロナの影響によりオンライン開講で開講している講座もあります）

国際公務員養成コース　　　春・秋　年2回開講
国際公務員養成英語コース　春・秋　年2回開講
緊急人道支援講座　　　　　春・秋　年2回開講

実務型国連集中研修プログラム
　　夏期5日間の集中講座（ニューヨークの国連本部で実施）
バンコク国際機関実務者養成コース
　　社会開発分野　秋開講
詳しくは、当センターのホームページでご案内しております。
https://dept.sophia.ac.jp/is/shric/extension-courses

　「誰一人取り残さない」という国連の持続可能な開発目標（SDGs）
は、2020年のパンデミックによって大きな後退を余儀なくされま
したが、気候変動や紛争、自然災害など国際社会が直面している課
題は多く、さらなる国際協力が不可欠となっています。このような
中で、グローバルな視野を持ち、ローカルの事情に合わせて活躍で
きる国際協力の人材育成がこれまで以上に叫ばれています。「他者
のために、他者とともに」行動し、「誰一人取り残さない」世界の実
現に向けて、共に歩んでいきましょう。

　2023年3月

　植木安弘　上智大学大学院グローバル・スタディーズ研究科教授
　　　　　　上智大学国際協力人材育成センター所長

既刊「国際機関・国際協力人材育成シリーズ」
発売元　丸善出版株式会社

No.1　世界銀行ダイアリー：グローバル・キャリアのすすめ
　　　2018年刊
　　　鈴木博明　当センター客員所員
　　　　　　　　元世界銀行主席都市専門官
No.2　歴史に生きる —国連広報官の軌跡—　2019年刊
　　　植木安弘　上智大学教授、元国連広報官
No.3　国際緊急支援のキャリアと仕事
　　　—人の命と生活を守るために—　2020年刊
　　　国連機関、国際協力機関等13名による共著
　　　小松太郎　上智大学教授編集
No.4　格差と夢−恐怖、欠乏からの解放、尊厳を持って生きる自由、
　　　国連の開発現場で体験したこと　2021年刊
　　　浦元義照　上智大学特任教授
　　　　　　　　元UNICEF、UNIDO、ILO職員
No.5　「心の中に平和のとりでを築く」に魅せられて
　　　—ユネスコを通して出会った人々との軌跡50年—
　　　2022年刊
　　　山下邦明　当センター客員所員
　　　　　　　　元国際連合教育科学文化機関（UNESCO）職員

各定価1,100円（税込み）

上智大学国際協力人材育成センター監修

国際協力・国際機関人材育成シリーズ 6
国際公務員とキャリア戦略
―元国連人事官が明かす魅力と成功へのカギ―
グローバルキャリアのすすめ

発　行　日：2023年4月20日　初版第1刷発行

著　　　者：茶木 久実子／玉内 みちる

発　行　者：末森 満

発　行　所：株式会社 国際開発ジャーナル社
　　　　　　〒113-0034
　　　　　　東京都文京区湯島2-2-6　フジヤミウラビル8F
　　　　　　TEL　03-5615-9670　　FAX　03-5615-9671
　　　　　　URL　https://www.idj.co.jp/　　E-mail　mail@idj.co.jp

発　売　所：丸善出版株式会社
　　　　　　〒101-0051
　　　　　　東京都千代田区神保町2-17　神田神保町ビル6F
　　　　　　TEL　03-3512-3256　　FAX　03-3512-3270
　　　　　　URL　https://www.maruzen-publishing.co.jp/

デザイン・制作：高山印刷株式会社

ISBN 978-4-87539-817-2 C0030